Vergiss mein nie

Anemone Zeim
Madita van Hülsen

Vergiss mein nie

Mit Erinnerungen die Trauer gestalten

PATMOS VERLAG

Memories, pressed between the pages of my mind, memories, sweetened through the ages just like wine.

ELVIS PRESLEY – MEMORIES

Inhalt

Einleitung

Die Trauer macht es einem wirklich schwer. Erst knipst sie die Hoffnung aus. Dann sticht sie in deine Seele. Danach legt sie dir schwere Steine in den Magen. Sie drängt dich ab in die Gefühllosigkeit. Sie tut dir weh und macht dich einsam. Sie quält deine Lebensfreude, bis du weinst.
Trauer ist brutal. Sie reduziert uns gnadenlos auf unsere körperliche Existenz. Sie macht uns zu ihrem Spielball und nimmt uns somit jegliche Kontrolle über das, was passiert. Zumindest für den Moment. Denn zu trauern bedeutet nicht, dass wir schwach sind oder diese Hilflosigkeit akzeptieren müssen – im Gegenteil. Dieses Buch soll einen Weg durch die Trauer aufzeigen, der lebendig ist, voller Farben, Formen, Bilder und Gefühle.
Wir finden: Trauer ist nicht nur schwarz. Sie ist kein Makel und auch keine Krankheit. Sie lässt sich nicht «wegmachen" – mit keiner Pille, keinem Knopf, keinem Wort der Welt. Und das ist gut so. Denn die Trauer – so gemein und anstrengend sie sein mag – ist auch wichtig für den Menschen. Sie ist eine Ausdrucksform der Liebe. Ein Urgefühl, das uns den Sinn unseres Lebens schmerzhaft deutlich macht. Aber aus dem düsteren Monster kann ein freundlicher Wegbegleiter werden, der stark macht und sehr viele Kräfte freisetzen kann. Dafür braucht es etwas, das jeder Mensch hat: Die Erinnerungen an eine gemeinsame Zeit.

Als wir mit der kreativen Erinnerungsarbeit anfingen, hätten wir nie gedacht, dass es eine so lebendige und bunte Arbeit werden würde. Es ist nämlich sehr schwer, Gesprächspartner für die eigene Trauer zu finden, denn die Berührungsängste sind bei diesem Thema größer als die Neugier. Das ist schade, denn neben der eigenen Geburt und womöglich der Geburt des eigenen Kindes ist der Tod das wichtigste Lebensereignis. Niemand weiß genau, was passiert, es ist das letzte große Lebensgeheimnis, das man nicht googeln kann. Aber wer sich traut, sich darüber auszutauschen, Wünsche und Visionen zur

Diskussion zu stellen, erlebt das wohlige Gefühl, mit seinen Fragen und Gedanken nicht alleine zu sein. Und das macht glücklich. Wer sich mit Trauer beschäftigt, landet immer auch bei der Erinnerung. Man könnte fast sagen: Es ist das einzige, was nach einem Verlust noch da ist, was den Verstorbenen lebendig hält. 2013 wunderten wir uns, warum es so viele Dienstleistungen rund um das Thema Tod und Bestattung gibt, aber niemand Hilfestellung zu dem gibt, was wirklich bleiben muss: der Erinnerung. Wer mit Trauernden spricht, erlebt die Magie der Erinnerungen, wenn die Zeitreise beginnt: Nicht nur der Verstorbene scheint mit all seinen Facetten zu leuchten, auch der Erzählende bekommt ein rosiges Gesicht, strahlende Augen und für einen Moment scheint sich auch die Lichtstimmung im Raum zu verändern. Diese Wirkung fanden wir bemerkenswert, wir wollten sie festhalten, für dunkle Zeiten »konservieren«.

Die Frage war – in welcher Form ist das möglich? Es gibt darauf nur eine Antwort: in jeder Form. Damit ein Erinnerungsstück seine Wirkung voll entfalten kann, muss es ganz individuell gestaltet sein. Jeder von uns hat andere Erinnerungen, andere Bedürfnisse, einen anderen Alltag, in dem uns die Erinnerungsstücke begleiten werden. In unserer superdigitalen Welt ist es wichtig, dass wir etwas im wahrsten Sinne des Wortes »be-greifen« können. Gleichzeitig ist ein Erinnerungsstück ein abgeschlossenes Stück, die Versinnbildlichung einer Zeit, für die es keine Verlängerung oder Fortsetzung gibt. Dies macht Erinnerungsstücke zu einem wichtigen Element in der individuellen Trauerarbeit. In unserem Büro in Hamburg begleiten wir Trauernde in diesem Prozess und unterstützen sie dabei, die richtige Form zu finden. Mit diesem Buch zeigen wir einen Weg auf, wie jede und jeder Trauernde über die eigenen Erinnerungen Kraft für das Leben ohne den Verstorbenen schöpfen kann. Wir laden dazu ein, die gemeinsam erlebten Anekdoten und daraus resultierten Gefühle in Erinnerungsstücke »upzucyclen«, zu bewahren und zugänglich zu machen.

Was macht man eigentlich mit so einem Erinnerungsstück, fragte uns neulich ein Besucher. Die Antwort ist ganz klar: Man benutzt es, fasst es an, zieht es an, blättert es durch und integriert es in den eigenen Alltag. Ein Erinnerungsstück ist kein Museumsexponat. Es sollte idealerweise sein Dasein nicht im Safe fristen. Wir möchten, dass Erinnerungsstücke Begleiter sind und keine Staubfänger. Der Umgang mit ihnen soll zur Selbstverständlichkeit werden. Da die meisten Stücke aus Alltagsgegenständen oder Kleidung gefertigt werden, ist das auch leicht möglich. Wir machen Erinnerungsbücher für Kinder, die als Kleinkind darin herumkritzeln, es im Teenageralter an die Wand schmeißen und es dann in der ersten eigenen Wohnung unter das Kopfkissen legen. Erinnerungsstücke verändern sich, genauso wie die Erinnerungen selbst – sie verblassen, da schlägt sich mal eine Kante ab und ein Faden hängt heraus. So ist das mit Dingen, die geliebt werden. Und Erinnerungsstücke sollen geliebt werden.
Erinnerungen können jede Form annehmen. Wichtig ist, dass die Form zu dir und zu dem Verstorbenen passt. Das Gute ist: Wie es aussehen soll, spürt man schnell. Die Lebensgeschichte eines begeisterten Wanderers kann auf einer Wanderkarte nachgezeichnet werden. Aus den gesammelten Passbildern des Großvaters wird ein Daumenkino, das im Zeitraffer die Entwicklung vom jungen Mann bis zum Opa zeigt. Eine andere Idee ist das Buch für die Kinder einer jung verstorbenen Mutter, in dem die Freunde ihre Erinnerungen mit der Mutter teilen.
Wenn die Erinnerung in einer solch besonderen Form weiterleben darf und dadurch die eigene Trauer verändert, setzt das enorme Kräfte frei, die stark machen für ein Leben ohne den Verstorbenen.

Erinnerungsstücke wecken Bilder wieder zum Leben und das Kopfkino kann sich frei entfalten. Zu jeder Zeit – an jedem Ort. Entscheidend sind Inhalt und Form. Deshalb ist die Erinnerungsarbeit sehr individuell – wir können hier nur Beispiele aufzeigen und inspirieren. Die Form für sein eigenes Erinnerungsstück muss jeder selbst finden.

Wir finden die Arbeit mit Erinnerungsstücken sehr bereichernd. Lebensgeschichten sind spannend und verdienen es, zumindest im Bruchteil, festgehalten zu werden. Wir stellen hier einen Ansatz vor, der viele Menschen in den letzten Jahren begeistert und in ihrer Trauer begleitet hat. Wir bieten neue Wege an, über Erinnerungen Kraft für das Leben zu schöpfen. Das ist sicher nicht die einzige Lösung, denn in der Trauer gibt es keine universell gültige Lösung. Aber es ist ein Weg. Und einen Weg zu gehen bedeutet, sich zu bewegen. Es kann erleichternd sein, in der lähmenden Trauer etwas zu tun, selbstbestimmt zu handeln und das eigene Schicksal – im wahrsten Sinne des Wortes – in die Hand zu nehmen. Wir nennen das Voran-Trauern. Das Ziel von Voran-Trauern ist nicht, die Trauer schnell wegzubekommen, sondern mit der eigenen Trauer zusammen wieder in Bewegung zu bekommen und den Mut zu haben, diesen ganz neuen Lebensweg zu gehen, begleitet und beschützt von der eigenen Erinnerung.

Die Magie der Erinnerungen

Was sind Erinnerungen und wie können sie uns in der Trauer helfen?

»Was kann man denn aus meinen Erinnerungen schon machen – die sind ganz normal, da ist nichts Besonderes dabei«, das hören wir oft in unserem Büro. Und wenn wir uns dann trotzdem gemeinsam auf die Reise in das Leben unserer Klienten begeben, lernen wir wieder, dass jede Lebensgeschichte eine außergewöhnliche ist, oft besser als jedes Drehbuch – mit jeder Menge Liebesdramen, Weggefährten, Krieg und Verrat, voller kleiner und großer Wunder, Goldschätze, Weltreisen und familiären Verwicklungen.

Was wir täglich erleben und vor allem, mit wem wir es erleben, prägt uns und macht uns zu dem Menschen, der wird sind.
Jede Erinnerung ist ein Unikat. Das beweist schon die Tatsache, dass sie im Gehirn abgespeichert ist. Unser Gedächtnis ist nämlich sehr wählerisch und merkt sich nur Erlebnisse, die für uns Menschen von Bedeutung sind – weil wir sie als hochemotional, lebensverändernd und äußerst berührend erleben.
Genau erforscht ist es nicht – aber vielleicht speichert unser Gehirn die Erinnerungen für schlechte Zeiten ab. Wir können sie jederzeit abrufen und zum Leben erwecken. Das merkt man schon, wenn jemand eine alltägliche Anekdote erzählt, die uns berührt oder erheitert. Eine fast magische Wirkung zeigen Erinnerungen, wenn jemand Besonderes erzählt: jemand, der trauert. Dann legt sich über den Raum eine Atmosphäre, als würden alle Anwesenden gemeinsam eine Zeitreise an den Ort der Erinnerungen machen. Der Raum wirkt heller, die Gesichter der Erzählenden sind wach, fast fröhlich. Die Anekdoten sind – abgesehen vom anfänglichen Erzählen des Sterbeprozesses – sehr lebendig und kaum verzweifelt. Für den Moment sind alle Beteiligten in einer Glücksblase, in einer Zeit, in der die Welt für sie in Ordnung war.

»Ich erinnere mich, wie ich – vier Jahre alt – mit meinem Papa im Schlepplift hänge. Er hat mich zwischen seinen Beinen festgehalten und wir haben stundenlang alle nur denkbaren Versionen von »Drei Chinesen mit dem Kontrabass« gesungen. Der Schnee hat geglitzert, die Sonne stand ganz oben, es war ganz still, diese typische Bergstille. Nur mein Papa und ich und das gelegentliche Rattern der Liftrollen.« **ELENA**

Sich gemeinsam zu erinnern hat eine heilsame und erholsame Wirkung auf jeden, der trauert, und jeden, der sich um einen Trauernden sorgt. Erholsam deswegen, weil die durch den Trauerfall stark belastete Psyche etwas durchatmen kann. Und das hat einen Effekt auf den ganzen Körper. Trauer zehrt aus. Der Körper braucht in der Trauerzeit mehr als seine gesamten Kraftreserven. Daher sind kleine Ausflüge in den Schutz der Vergangenheit wichtig und sinnvoll für den eigenen Trauerprozess.

Das beste Beispiel dafür ist das gemeinsame Essen nach der Beerdigung – der Leichenschmaus, der bei keiner Beerdigung fehlen sollte. Es ist ein Meilenstein, der erste Moment, an dem das Leben eine neue Wendung nimmt, denn der Verstorbene, der die letzten Tage und Wochen im Mittelpunkt steht, ist versorgt. Es ist oft das erste Mal, dass am Tisch im Schutz der Gemeinschaft wieder gelacht wird und Erinnerungen ausgetauscht werden. Oft lernt man durch die vielfältigen Erzählungen der anderen Gäste den Verstorbenen noch einmal von einer ganz neuen Seite kennen.

Wenn der Tod schon so sinnlos das Leben nimmt, lässt er uns wenigstens den gemeinsamen Lebensweg und damit der – viel zu kurzen – gemeinsamen Lebenszeit einen Sinn. Was uns der Verstorbene hinterlässt, ist plötzlich sehr wertvoll geworden.

Erinnerungen beschreiben die kleinen Verknüpfungspunkte zwischen den einzelnen Lebenssträngen. Wo immer sich Menschen treffen, entsteht ein neuer Verknüpfungspunkt. Und je emotionaler und wichtiger dieses Treffen ist, desto mehr Gefühle werden in dieser Verknüpfung abgespeichert.

Erinnerungen setzen Gefühle frei. Diese Gefühle werden bei der Erinnerungsarbeit, wie wir sie verstehen, in ein anfassbares, reales »Erinnerungsstück« modelliert. Wer trauert, erlebt Kontrollverlust und empfindet sich selbst als Spielball des Schicksals. Ein Erinnerungsstück gibt uns die Kontrolle über den gemeinsamen Lebensweg zurück, es ist befreiend, endlich einmal selbst etwas »tun« zu können. Etwas für uns. Etwas für die Zukunft.
Nach einem Verlust sind alle Informationen von und über den Verstorbenen wertvoll. Eltern, dic ihr Kind verloren haben, »saugen« alle Erinnerungen der Freunde ihres verstorbenen Kindes auf. Wenn all diese Geschichten und Informationen in ein Erinnerungsstück hineinfließen, wird dieses zum »Sammlerstück«. Durch die Erinnerungsarbeit bekommt der Verstorbene ein Stück Identität zurück. Er wird nicht einfach mit seinem Tod aus dem Leben geschnitten, im Gegenteil: Wie ein passendes Puzzlestück werden Informationen sinnvoll angeordnet und schenken Bedeutung. Man nimmt den Verstorbenen in das neue ungewollte Leben, das jetzt ohne ihn stattfinden muss, mit und gibt ihm dort einen neuen Platz an der eigenen Seite.

Lohnt es sich, Erinnerungen zuzulassen?

»Schon komisch«, sagte neulich eine Besucherin zu uns, »was ihr da macht, ist doch gefährlich. Man muss die Toten gehen lassen. Wenn ihr euch so mit Erinnerung befasst, lasst ihr die doch nicht los!« Wir diskutierten eine Weile darüber und fanden heraus, dass das Gegenteil der Fall ist: Die Toten gehen ja, wohin sie wollen, die Erinnerung gehört immer dem Trauernden. Es ist seine ganz eigene, persönliche, private und er kann damit machen, was er will, das hat keinen Einfluss auf den Toten. Ja, vielleicht wäre der Tote über das eine oder andere sogar anderer Meinung – aber nur, weil er sich anders erinnert.

»Ich erinnere mich an die anfänglichen Sprachfehler von meiner Tochter: Statt Krawatte fand sie Kwaratte besser und statt Waschlappen hat sie Lappwaschen gesagt.« **MAGRET**

Natürlich gibt es die Fälle, in denen Trauernde in ihrer Trauer »steckenbleiben«. Was der Trauerbegleiter dann tut, ist, ihnen die Erlaubnis zu geben »loszulassen«. Vielleicht hilft aber auch gerade das Gegenteil: die Erlaubnis, das Gedächtnis der verstorbenen Person zu bewahren. Menschen, die jemanden verloren haben, empfinden es als befreiend, wenn man ihnen sagt, dass sie die tote Person nicht aufgeben müssen – danach sind sie paradoxerweise oft in der Lage, ihr neues Leben zu beginnen.
Das ist ein spannendes und vieldiskutiertes Feld: Ist der Verstorbene ein Stein im Sinne von »Klotz am Bein«, der möglichst schnell losgelassen werden muss, damit er den Trauernden nicht in die Tiefen der Trauer zieht? Oder ist der Verstorbene wie ein mit Helium gefüllter Luftballon, der einen hochzieht?

Man kann sich gut vorstellen, dass die Vorstellung, den Verstorbenen gehen zu lassen, Ängste hervorrufen kann. Jetzt hat man den Verstorbenen schon im echten Leben verloren – jetzt soll man auch noch die Gefühlswelt um ihn herum abstoßen? Das ist besonders für Eltern, die ihr Kind betrauern (aber auch für Hinterbliebene nach Mord, Suizid oder Unfall), oft eine schreckliche Vorstellung, weil sie das Gefühl haben, das Kind dann endgültig zu verlieren. Sie lassen das Zimmer unberührt und kaufen immer weiter neues Spielzeug. Das wirkt befremdlich, es passiert aber oft und ist in Maßen ein normaler Bestandteil des komplizierten Trauerprozesses von Eltern, in dem natürlich Verlustangst eine große Rolle spielt. Das Kind ist schon weg, vielleicht verliert man auch seinen Geruch, die Erinnerungen, den Alltag mit ihm, sobald man die Dinge wegwirft. In jedem Ding ist das Kind gespeichert.

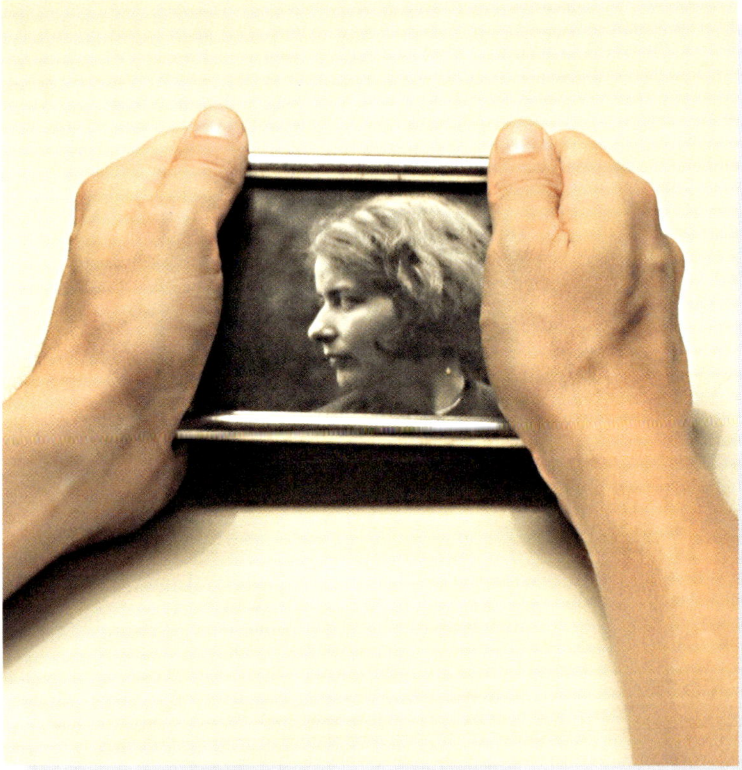

Die Frage, ob die eigene Trauer in Bewegung bleibt oder in einem Anfangsstadium stagniert, hilft zu erkennen, wo das Festhalten dem Leben nicht mehr dienlich ist. Diese stagnierende Phase der Trauer kann sehr lange dauern. Wichtig ist die Entwicklung und der damit verbundene Prozess. Wird das Kind auch in der Fantasie älter, gesteht man ihm und auch sich selbst einen Entwicklungsprozess zu. »Was würde sie wohl jetzt machen – wäre sie verheiratet, hätte sie Kinder?« Bleibt das Kind für längere Zeit gleich alt, ist die Trauer statisch, kann pathologisch werden und psychosomatische Komplikationen verursachen. Wichtig ist, ein feines Gespür für die eigene Trauer zu entwickeln – und wie sie sich zum Verstorbenen verhält.

Viele Trauernde erleben ihr Umfeld als eher unsicher der Trauer gegenüber. Es scheint, als hätten in unserer Gesellschaft schlimme Ereignisse ein Verfallsdatum von ungefähr zwei bis drei Wochen. Das gilt für die Berichterstattung in den Medien genauso wie für das Mitleiden mit einer trauernden Familie. Nach zwei Wochen zieht der Beerdigungszirkus weiter und zurück bleiben Trauernde, die erst allmählich begreifen, dass sich alles in ihrem Leben ändern wird. Sentimentale Flashbacks werden von anderen oft mit Sätzen wie: »Du musst jetzt aber auch mal wieder normal leben« kommentiert. Normal, das bedeutet: »Bitte sei wieder genauso unkompliziert wie vor dem Trauerfall.« Verändert sich der Trauernde durch die Trauer – und das ist meistens der Fall –, verändern sich auch Familienbeziehungen und Freundschaften. Einige Menschen bleiben. Andere gehen – weil sie sich nicht verändern können.
Auch der Arbeitgeber besteht auf funktionierende Arbeitnehmer, der Haushalt muss gemacht, banale Dinge müssen entschieden werden. Die Welt dreht sich gnadenlos weiter, während das eigene Bewusstsein in einer Zeit verhaftet ist, die unwiderruflich der Vergangenheit angehört. Da aber jedes Leben mit anderen Leben

vernetzt ist, kann man ja nicht einfach so weiterleben, als ob der Verstorbene nie existiert hat. Selbst wenn das eine Schwangerschaft ist, die nur wenige Wochen andauerte, ist das eine Zeit voller Erinnerungen und Visionen, denen man hinterhertrauert. Dieses Leben hat ja recht deutlich Fußabdrücke in Form von Erinnerungen in unserem Kopf hinterlassen. Man sollte also eher darauf bestehen, mit dem Verstorbenen, aber anders weiterzuleben. Das bedeutet, man muss in seiner Trauer einen neuen Platz für den Verstorbenen mit seinen eigenen Leben finden. Einen sicheren Platz, einen, wo er nicht verlorengehen kann: Denn du bist erst tot, wenn sich niemand mehr an dich erinnert.

Als die Trauerforscher Marwitt und Klass 1995 die Beziehung von Trauernden zu ihren Verstorbenen untersuchten, beschäftigten sie sich auch mit dem Phänomen der Erinnerung. Man fand vier verschiedene Rollen für die Verstorbenen: als Vorbild, als Ratgeber in bestimmten Situationen, als klärende Instanz in der Beurteilung von Werten des Überlebenden und natürlich als wichtiger Bestandteil der Biografie des Überlebenden. Die Toten leben in diesen Rollen in gewisser Weise weiter – ohne das Leben der Lebenden einzuschränken. Wissenschaftler Rubin argumentierte 1984 damit, dass die Bewältigung eines Verlusts dadurch gekennzeichnet ist, dass die Erinnerung des Verstorbenen zu einer »Quelle des Vergnügens und der Wärme« wird. Das kann allerdings erst geschehen, wenn der Tod akzeptiert wurde.

Auch eine Untersuchung bei Witwen ohne komplizierte Trauer zeigte ein interessantes Phänomen: Die Frauen erzählten unabhängig voneinander, dass ihre Erinnerungen nach dem ersten Schock wie ausgelöscht waren, später jedoch wiederkamen: klarer als je zuvor. Sie begannen, sich gemeinsame Erfahrungen und Erlebnisse mehr

und mehr in Erinnerung zu rufen und diese zu genießen, eine Art »Rückwärtsliebe«.
Den Zugang zu den Erinnerungen müssen wir uns aber oft erst einmal im Gefühlschaos freischaufeln. Hier schafft im Zweifel eine professionelle Trauerbegleitung Klarheit.

Ein Schlüssel zu den Gefühlen

Du und ich, jeder Mensch hat die Fähigkeit, seine Trauer alleine zu bewältigen. Insbesondere bei außergewöhnlichen Todesfällen ist die emotionale Belastung stellenweise aber so hoch, dass diese Selbstheilungskräfte versagen. Wenn (ungeborene) Kinder oder der eigene Partner sterben, bei Suizid oder wenn das soziale Umfeld mit Unverständnis reagiert oder der eigene Perfektionismus keinen Raum für Trauer lässt, ist eine Trauerbegleitung auf kurzer oder langer Strecke sinnvoll und verhindert im besten Falle sogar psychosomatische Folgeerkrankungen. Die Intensität, mit der man die eigene Trauer empfindet, ist aber individuell und hängt auch mit der Trauerkultur in der eigenen Familie zusammen. Man kann also nicht sagen: bei Kindstod auf jeden Fall Trauerbegleitung, bei Großvatertod nicht. Dafür ist Trauer zu individuell. Trauer ist – kurz gesagt – ein Gefühlschaos, das es zu entknoten gilt.
Die klassische Trauerbegleitung stellt die Gefühle in den Mittelpunkt, um das eigene Gefühlswirrwarr besser verstehen und klären zu können. Dies erlebt man normalerweise im Gespräch, entweder einzeln oder innerhalb einer Gruppe. Moderiert von einer professionellen Trauerbegleitung ist ein Austausch unter Betroffenen möglich, Gefühle können benannt werden und der Schmerz der Trauer wird gelindert.

»Ich erinnere mich an das Grinsen meines zu diesem Zeitpunkt 23-jährigen Ehemannes, als die Hebamme ihm mitteilte, dass die erwartete Tochter doch ein Sohn ist. Dieses Lächeln und den Stolz in seinen Augen werde ich nie vergessen!« **ILKA**

Die Erinnerungsarbeit ist ein gestalterischer Ansatz, der einen einfachen Zugang zu den Gefühlen ermöglicht, ohne dass man für sie erst Worte finden muss.

Viele Forschungen der letzten Jahre haben ergeben, dass die Fortsetzung der Beziehung zum Verstorbenen in Form des Erinnerns gemeinsamer Erlebnisse Teil eines gesunden Trauerprozesses sein kann (Attig, 2000; Klass, Silverman & Nickmann 1996).

Wir können in der Trauer sehr viel Kraft aus gemeinsamen Erlebnissen und Erinnerungen schöpfen, wenn wir den »Beipackzettel« dieser Herangehensweise beachten: In der akuten Trauer gibt es einen Zeitraum, der nicht für die Erinnerungsarbeit geeignet ist, weil man eventuell das Leben des Verstorbenen extrem spiegelt und in Zügen auch übernimmt und nachspielt. Wir sehen das oft bei Müttern, die ihre Kinder betrauern. Unserer Erfahrung nach ist man als Trauernder kurz nach dem Verlustschock zu keiner intensiven Erinnerungsarbeit mit rein körperlichen oder gegenständlichen Gegenständen ohne biografische Bedeutung fähig. Der Gegenstand würde als Ersatz für den Verlust betrachtet werden, dabei wollen wir ihn doch mit Erinnerungen und Gefühlen aufladen.

Man merkt es schnell – in diesem Zeitraum ist es schier unmöglich und wahnsinnig kräftezehrend, sich mit Gegenständen aus der gemeinsamen Geschichte zu befassen.

Ungefähr ein Jahr nach dem Verlustschock kommt sie jedoch wie von alleine: die Neugier auf die Erinnerungen. Man spürt das Bedürfnis, den Verstorbenen mit all seinen Facetten »festzuhalten« und trotzdem eigenständig den neuen Alltag zu bewältigen.

Ein oft gehörter Ratschlag: Man solle den Verstorbenen »loslassen«. Aber was bedeutet loslassen? Jemand der mir wichtig ist, stirbt und ich soll ihn jetzt auch noch »loslassen«, so als hinge er wie ein Backstein um meinen Hals der mich immer tiefer hinunter? Wir sehen das anders: Der Tod ist lebensverändernd für alle Beteiligten. In der Trauerarbeit versuchen wir, den Lebensabschnitt mit dem Verstorbenen sinnvoll in das eigene, ungewollt neue Leben zu integrieren, also den Verstorbenen nicht zu vergessen, sondern die gemeinsame Zeit wertzuschätzen. Die Kraft dafür schöpfen wir aus den Erinnerungen.

Selbstbestimmt trauern

Es gibt keine »richtige« und keine »falsche« Art zu trauern. Für die einen ist äußerst hilfreich, die eigenen Gefühle einzuordnen und zu verarbeiten, für den anderen ist die Erinnerungsarbeit, der Austausch und das Neustrukturieren der eigenen Lebensgeschichte überlebenswichtig. Und oft ist es auch eine Kombination aus beiden Wegen. Trauernde erzählen, sie hätten ihre Verstorbenen »verloren« und dann durch die Erinnerungsarbeit »wiedergefunden«, statt an ihnen zu »klammern«, um sie dann »loszulassen«, was ihnen eine befreiende Ruhe verschafft habe und die Stärke, ihr Leben neu weiterzuführen.

Trauer durchläuft so viele individuelle Zustände, dass man sie nicht definitiv kategorisieren kann. Für uns sind zwei Phasen wichtig: In der akuten Trauer bevorzugen wir einen sehr kreativ untermalten Ansatz, der die Gefühlswelt in den Vordergrund stellt und in erster Linie das Ziel hat, dem Trauernden Energie und Kraft zu geben.
Es geht darum, die Gefühle zu erkennen und loszulassen, die in einem herumschwappen und für die es in unserer Zeit häufig leider

keinen Platz mehr gibt. In der Öffentlichkeit Gefühle zu zeigen, gilt als schwach, der Alltag, die Familie, der Beruf fordern: Man muss »stark« sein. Diese Empfindungen haben aber eine jahrtausendealte Daseinsberechtigung – Gefühle in allen Formen und Farben, aufgestaute Energie, die raus will. Wut und Aggression sind ganz normale Gefühle der Trauer, aber kaum jemand traut sich, das auszuleben. »Man sagt nichts Schlechtes über Tote«, ermahnt flüsternd das eigene Gewissen. Dabei ist es wichtig, auch diesen Aspekt der eigenen Gefühlswelt wertzuschätzen und auf gewaltfreie Art auszuleben. Das kann auf kleinstem Level passieren: Sport, Musik oder ein Selbstgespräch. Wem die Kraft fehlt, der schreit, schreibt oder weint. Und wem die Worte fehlen, der summt oder malt ein Bild. Wir können uns auf tausend verschiedene Arten ausdrücken. Und alle davon kommunizieren unsere Gefühle. Das ist im wahrsten Sinne des Wortes überlebenswichtig. Ziel dieser Zeit ist, ins Fließen zu kommen. Das kann in Form von Tränen stattfinden oder einfach in dem Gefühl, jede Gefühlsregung direkt aus dem Körper zu schicken, bevor in der Seele Schaden angerichtet wird. Man kann es auch als »Aufräumen« bezeichnen. Überflüssiges wird herausgeschwemmt, -gebrüllt, -gemalt.

Damit schaffen wir Raum für die zweite wichtige Phase: nach dem großen Aufräumen eine neue Ordnung in das eigene Leben zu bringen, dem Verstorbenen einen neuen Platz zu geben und den eigenen Lebensweg wieder aufzunehmen, den Verstorbenen zu überleben, ohne ihn unterwegs zu verlieren. Für die erste Zeit mit der Trauer ist eine Begleitung sinnvoll. In der Zeit danach ist Raum, die Trauer mit Erinnerungen zu gestalten. Obwohl das eine ganz individuelle Arbeit ist und die Form immer von der Erinnerung oder dem Andenken bestimmt wird, gibt es in diesem Buch viele Ideen, Inspirationen und praktische Vorschläge, wie man eine Erinnerung gestalten kann. Erinnerungsarbeit ist besonders bereichernd, wenn viele andere

Menschen involviert werden. Wenn Freunde, Familie, Arbeitskollegen und einander bisher Fremde zusammenkommen, um sich über ihre persönlichen Erinnerungen an dieselbe Person austauschen, lernen alle den oder die Verstorbenen noch einmal neu kennen und bekommen ein umfangreicheres biografisches Bild des Verstorbenen als es die eigene Erinnerung leisten kann. Man verliert eine Person und findet sie in den Erinnerungen der anderen wieder. Die eigene Realität spiegelt sich in der Realität der anderen, es treten Überschneidungen und Unterschiede zutage.
Wir müssen nicht ohne unsere Toten leben, wir brauchen aber einen festen Platz für sie in unserem neuen Leben, damit wir sie nicht noch einmal verlieren. Um diesen Platz zu sichern, muss das Bild vom Verstorbenen normalerweise einigermaßen wirklichkeitstreu sein, es muss also von anderen geteilt und für realistisch befunden worden sein. Auch wenn wir uns an Details anders erinnern.

»Wie mein Opa mir Skat beigebracht hat. Er gab mir das Gefühl, cool zu sein. Zu den harten Zockern zu gehören. Das hat so viel Spaß gemacht.« **JO**

Warum erinnert sich jeder anders?

Es ist der 59. Geburtstag unserer Lieblingstante Toni. Etwa 80 Familienmitglieder, Freunde und Nachbarn sind gekommen, der Garten ist geschmückt, das Buffet ist lecker, auf dem Rasen bewerfen sich die Enkel mit Eiswürfeln und die beiden Schwestern, die sich gar nicht leiden können, gehen sich äußerst geschickt aus dem Weg. Es wird das Neueste aus der Familie betratscht. Längst Vergessenes wird ausgegraben und nostalgisch von allen Seiten betrachtet. Gelächter. Hier und da schallt ein »Ach, das hatte ich ja total vergessen« über den Rasen.

Erinnerungen sind Lebensgeschichten. Was wir erleben, speichert das Gedächtnis in Bildern ab. Je emotionaler ein Erlebnis ist, desto genauer wird es abgespeichert. Es entsteht ein großes biografisches Netz, das eng mit anderen Lebensgeschichten vernetzt ist: Man teilt Familie, Freunde, Gefühle, Arbeitsplätze, Hobbys, Doppelhaushälften und Schicksalsschläge. Es tauchen immer wieder neue Begleiter auf dem Lebensweg auf, manche hinterlassen bleibende Bilder im Gedächtnis, andere verschwinden recht schnell wieder. Aber wir sind umgeben von den Geschichten, die uns mit anderen verbinden. Sie geben uns und den anderen um uns herum einen

Platz in unserem Leben. Und diese Ordnung gibt uns Identität. Wir haben den Überblick, wie auf einer Landkarte ist alles da, wo es hingehört. Dabei ist jede Landkarte ein Unikat, denn Erinnerungen sind immer subjektiv. Der Filter im Kopf lässt uns andere Dinge wahrnehmen als andere Leute. Die Zeit, das Alter, nostalgische Anwandlungen und persönliche Befindlichkeiten interpretieren Erlebtes ganz individuell, setzen das Erlebte anders zusammen und ändern Farbgebung, Orte und Beteiligte. Ein gutes Beispiel dafür sind Zeugenbefragungen mit Identifizierungen nach einem Kriminaldelikt: Der einen Zeugin kam der Mann unheimlich aggressiv vor – sie wählt das Foto mit dem Mann, der so böse schaut. Der andere Zeuge fand den Mann auffallend attraktiv, also wählt er das nette Foto. Unser Gedächtnis interpretiert das Geschehene ziemlich fantasievoll. Ein anderes Beispiel dafür ist das Kinderspiel »Stille Post«.

So werden die acht Enkel von Tante Toni mindestens acht verschiedene Geschichten über das gleiche Ereignis – ihren 59. Geburtstag – erzählen können. Denn jeder hat dieses Fest anders empfunden und erlebt, obwohl jeder einzelne Gast mit den gleichen Menschen in Kontakt war, das gleiche Essen genossen hat und eine Zeitlang am selben Ort war. Trotzdem gibt es unterschiedliche Versionen in den Köpfen der Enkel, die ihren festen Platz in jeder Lebensgeschichte gefunden haben. Man könnte also sagen, Erinnerungen sind eine Mischung aus Realität und Selbstwahrnehmung.

Gib deinem Verstorbenen einen neuen Platz

Schreibe den Namen deines Verstorbenen auf diese Seite. Wenn du willst, kannst du die Seite heraustrennen und knicken und das so entstandene Namensschild an deinem Lieblingsplatz in deiner Wohnung aufstellen. Wenn dich jemand darauf anspricht, erkläre stolz und bestimmt, dass das der Name deines Verstorbenen ist, und erzähle dazu, wenn du möchtest, eine schöne Geschichte, die dich an ihn erinnert.

Wie kommen die Erinnerungen in meinen Kopf?

Unser Gedächtnis enthält Unmengen von Informationen und Erinnerungsspuren aus unserer Vergangenheit. Nicht alles ist gleich wichtig. Bedeutend für unsere Gegenwart und Zukunft sind vor allem die autobiografischen Erinnerungen. Sie sind ein Fundus, aus dem wir immer wieder Motivation schöpfen, und ein entscheidender Faktor unseres Selbstverständnisses. Das Gedächtnis gibt uns die Fähigkeit, Personen und Dinge wiederzukennnen, um so bewusst zwischen bereits bekannten Ereignissen und neuen Informationen unterscheiden zu können. Die Überlagerungen und Wechselwirkungen der unterschiedlichen Erinnerungsmechanismen und Bewusstseinsinhalte sind sehr komplex. Vereinfacht gesagt, speichert das Gehirn Sacherinnerungen an einem anderen Ort ab als Emotionen. Der Gedächtnisinhalt ist im Hippocampus abgelegt und das Gefühl in der Amygdala. »Gedächtnis« beschreibt einfach die Fähigkeit, neue Informationen im Gehirn abzuspeichern und wieder abrufbar zu machen. So werden Erlebnisse verinnerlicht.

»Ich erinnere mich daran, als ›Sozia‹ auf einem Motorrad über Kopfhörer ›With or without you‹ von U2 zu hören und mit Blick auf das Meer aus den Bergen die Küstenstraße auf Korsika runterzufahren.« **ULLA**

Zwei Bereiche sind dafür erwähnenswert: Das episodische Gedächtnis reproduziert unsere Lebenserfahrungen in Szenen, Bildern und Erzählungen. Es ist »autonoetisch«, das bedeutet, es erfasst das Wissen über uns selbst. Das autobiografische Gedächtnis ist ein Teil des episodischen Gedächtnisses. Für diese Form gilt in besonderem Maße, was Gehirnforscher Wolf Singer so formulierte:

»Erinnerungen sind datengestützte Erfindungen.« Das semantische Gedächtnis ist »noetisch« und beinhaltet unser Wissen über Sachverhalte, Namen, Daten und Fakten. Das semantische und das episodische Gedächtnis bilden zusammen das explizite Gedächtnis: das Know-what. Das prozedurale Gedächtnis ist »anoetisch« und beinhaltet das implizite Wissen, über das wir gewöhnlich nicht reflektieren müssen: das Know-how. Es besteht aus unseren Reiz-Reaktions-Mustern und erlernten Fähigkeiten und Automatismen, die auch ohne episodisches oder semantisches Wissen funktionieren: Fahrrad oder Auto fahren, Geige spielen, Kopfrechnen (erinnern wir uns allerdings daran, wann, wo und unter welchen Umständen wir etwas gelernt haben, bedienen wir uns am autobiografischen Wissen). Erinnerungen treten dann auf, wenn im Gehirn als Reaktion auf ein bestimmtes Ereignis ein spezifisches neuronales Aktivitätsmuster entsteht, das jenem ähnelt, das bei der Gedächtnisbildung entstand. Das geschieht über äußere Reize wie Stimmungen, Gerüche und Orte. Auch Fotografien helfen dem Gedächtnis auf die Sprünge. Wie das bewusste Abrufen von Erinnerungen gehirntechnisch funktioniert, ist aber noch nicht im Detail geklärt.

Wenn wir uns erinnern, zeigt uns unser Gedächtnis fast immer stationäre Bilder, fand der Gehirnforscher Ernst Pöppel heraus. Menschen sind Augentiere: Bilder dominieren in Träumen ebenso wie in der Erinnerung. Natürlich kommt auch Sprache vor. Man hört, sagt, tastet oder riecht etwas. Es gibt Begleitwahrnehmungen. Aber das meiste ist bildlich verfasst. Die Erklärung dafür ist eine ökonomische: Ein einzelnes Bild ist für das Gehirn viel leichter zu speichern als eine komplexe Szene. Um Szenen zu erinnern, muss das Gehirn einen sehr viel größeren Aufwand betreiben. Das kostet Energie, weil sich über die Hälfte des menschlichen Gehirns mit der Verarbeitung visueller Informationen befasst. Das Gehirn versucht aber Energie zu sparen, deshalb speichert es eher Bilder als Szenen. Wenn wir starke Erinnerungen abrufen, ist vor allem der sensorische Kortex beschäftigt. Dieser bearbeitet visuelle und andere Sinneseindrücke, speichert diese und ist der »Auslöser« für Gefühle. Der Psychologe Jefferson A. Singer hat in einem Forschungsprojekt untersucht, wie sich Ärger, Traurigkeit, Angst, Furcht, Freude oder Zufriedenheit auf bestimmte Körperfunktionen auswirken, etwa auf Gehirnaktivität, Herzschlag und Blutdruck. Als die beste Methode, bestimmte emotionale Zustände bei den Versuchspersonen herbeizuführen, erwiesen sich – Erinnerungen: Singer forderte seine Probanden auf, sich an Episoden in ihrem Leben zu erinnern, die sie sehr intensiv erlebt hatten. Er war fasziniert davon, wie heftig die bloße Erinnerung ein experimentell gewünschtes Gefühl erzeugen kann. Und er fragte sich: Warum können bestimmte Erinnerungen auch nach vielen Jahren noch so starke Gemütszustände auslösen? Warum treiben sie uns Tränen in die Augen, lassen uns in Gelächter ausbrechen, machen uns immer noch und immer wieder wütend oder ängstlich oder depressiv? Singer fand heraus, dass die Emotionen, die mit bestimmten Erinnerungen einhergehen, deshalb so präsent bleiben, weil sie mit wichtigen Bedürfnissen und Zielen in unserem Leben zu tun haben. Da wir unsere größten Wünsche und Ziele im Grunde nie wirklich aufgeben, »blättern« wir im Album unserer Erinnerungen und suchen diese kritischen Episoden immer wieder auf. Denn diese bleibenden, selbstdefinierten Erinnerungen führen uns immer wieder neu vor Augen, was wir vom Leben erwarten, wer wir wirklich sein wollen und was uns ausmacht. Diese Erinnerungen zeichnen sich durch spezielle Eigenschaften aus:

EMOTIONALE INTENSITÄT

Aufgrund einer hohen emotionalen Intensität lösen Erinnerungen oft »von null auf hundert« starke Emotionen aus. Wenn wir selbstdefinierte Episoden unserer Vergangenheit erinnern, beschleunigen sie unseren Puls. Wir spüren wieder den Kloß im Hals wie »damals«, aber wir spüren auch die warmen Glücksgefühle in uns aufsteigen. Pöppel nennt es »einen Symmetriebruch in der Gleichförmigkeit des irdischen Seins«. Wenn ein Erlebnis von besonders intensiven Gefühlen wie Lust, Schmerz, Angst und Trauer begleitet wird, kann es sich unabhängig von Wiederholungen im Gehirn verankern. Manchmal für immer.

BILDHAFTIGKEIT UND SINNLICHKEIT

Selbstdefinierte Erinnerungen sind sehr lebhaft und detailreich. Sie drängen sich auf unserer inneren Leinwand mit Macht in den Vordergrund und verdrängen weniger dramatische Gedanken oder Erinnerungen. Und weil sie oft an starke Sinnesreize wie Düfte, Melodien und Berührungen gekoppelt sind, können sie durch ähnliche Sinnesreize spontan ausgelöst werden. Selbstdefinierte Erinnerungen sind verdichtete und durch starke Emotionen betonte, oft durch Symbole angereicherte Episoden. Sie tauchen immer wieder auf und begleiten uns in Gegenwart und Zukunft weiter. Sie sind wie Familienmitglieder, geliebte oder ungeliebte, die uns dann und wann besuchen und deren Anwesenheit immer wieder dieselben Gefühle in uns hervorruft. Und jede Wiederholung erleichtert die nächste, weil unser Gehirn immer festere Verknüpfungen bildet und bereits auf den geringsten Auslöser reagiert, um diese Erinnerung zu reproduzieren. Selbstdefinierte Erinnerungen kommen selten allein. Sie lösen andere, ähnliche Erinnerungen aus, mit denen zusammen sie eine Art Leitmotiv, eine Lebensmelodie bilden. Wir sammeln in unserem Erinnerungsalbum Szenen, die um die Erfüllung oder Frustration eines zentralen Wunsches angeordnet sind. Der Fundus unserer Erinnerung ist unglaublich groß. Für bestimmte Zwecke und mit entsprechender Konzentration können wir Unmengen von

Einzelheiten und Details abrufen: Menschen, denen wir begegnet sind, Orte, die wir besucht haben, Meilensteine unserer Ausbildung, die Freunde, die uns begleitet haben, und schließlich so alltägliche Daten wie Adressen, Telefonnummern oder PIN-Codes. All das leistet das autobiografische Gedächtnis, es zählt also zu der Summe unserer Gedächtnisleistungen, die ausschließlich uns betreffen und die uns als einzigartige Person konstituieren. Jede Erinnerung ist eben ein Unikat. Jeder von uns beschäftigt sich damit und wir alle haben ganz individuelle Erinnerungen in unserem Gedächtnis abgespeichert. Andere Erinnerungen wiederum haben wir verdrängt und vielleicht sogar vergessen, und die Erinnerungen, die uns besonders beschäftigen, über die denken wir immer und immer wieder erneut nach.

»Als mein Mann seinen Unfall hatte, habe ich es zu Hause auf dem Sofa gespürt. Ich kann es schlecht beschreiben, wie genau es sich anfühlte, aber ich habe es gewusst, bevor die Polizei bei mir war. Genau zu dem Zeitpunkt, als der Unfall passierte, bin ich hochgeschreckt und habe gewusst, dass etwas passiert ist.« **ILKA**

Warum ist Erinnerungsarbeit für die Trauerbewältigung so bedeutsam? Eine wichtige Antwort geben neuropsychologische Studien, die darauf hindeuten, dass episodisches Erinnern und episodisches Zukunftsdenken im Prinzip auf dasselbe »Zeitreise-Netzwerk« im Gehirn zurückgreifen. Neben der Schaltzentrale des Gedächtnisses, dem Hippocampus, umfasst es unter anderem Regionen im Frontalhirn, im Schläfenlappen und visuelle Verarbeitungszentren im Hinterkopf. Das bedeutet im Umkehrschluss: Nur wer sich erinnern kann, kann auch wieder in die Zukunft schauen. Das ist eine nicht unbedeutende Fähigkeit für die Bewältigung der eigenen Trauer. Diese Fähigkeit kann man trainieren. Die Übung im Anschluss des Kapitels zeigt, wie es geht (siehe Seite 40).

Ein kleiner Zeitsprung, ein Jahr später: Wir befinden uns jetzt auf Tante Tonis Beerdigung. Sie hatte einen Herzinfarkt, als sie in ihrem Garten Beeren pflückte. Die Trauerfeier findet im gleichen Garten statt wie damals das Geburtstagsfest. Das Essen ist ähnlich, aber die Stimmung viel gedrückter. Familienmitglieder, Freunde und Nachbarn sprechen gedämpft miteinander. Selbst die zwei Schwestern, die sich sonst aus dem Weg gehen, stehen gemeinsam in einer Gruppe Verwandter. Es herrscht eine traurige Stimmung. Die Sonne hängt unmotiviert über der Trauergesellschaft und taucht den Garten in ein farbloses Licht. Die schwarzbekleideten Gäste wirken in dieser Umgebung surreal. Einige Familienmitglieder weinen und müssen von anderen gestützt werden. Es wird über das Sterben von Tante Toni gesprochen.

Der Tod einer Person, die uns emotional nahe steht, beeinflusst immer auch unser Leben. Unsere ganze innere Ordnung, unser gesamtes Bezugssystem gerät in Chaos. Es ist wie bei einem Mobile: Wird ein Teil verschoben oder abgeschnitten, hängt das ganze System schief, und jedes einzelne Teilchen muss enorm viele Kräfte aufbringen, damit das Mobile wieder ins Gleichgewicht kommt. Besonders wenn es um Personen geht, die das Zentrum eines Mobiles bilden, also viele andere Menschen inspirieren und beeinflussen, geraten sehr viele Menschen gefühlsmäßig in Schieflage.
Eine solche emotionale Schieflage oder auch Spannung findet statt, wenn Menschen das Leben der anderen fortführen möchten. Erinnerungen sind an sich geschlossene Geschichten, die mehrere Menschen miteinander verbinden. Sie liegen in der Vergangenheit. »Kapert« man in der Trauer die Persönlichkeit des Verstorbenen und »zieht« sich ihre Gefühle und Befindlichkeiten an, verschiebt auch das die Struktur des Familiensystems. Ein häufiges Beispiel dafür ist, wenn Mütter die Tagebücher der verstorbenen Töchter aus deren Perspektive weiterschreiben. Dies ist eine Zeit lang völlig normal

und Teil des Trauerprozesses. Aber es findet hier keine Neuorientierung statt, sondern ein Verharren auf der Stelle. Der Trauernde muss dem Verlust erst einen Sinn geben, um den Mut zu haben, alleine einen neuen Lebensweg zu gehen, nach vorne zu schauen, also »voran« zu trauern, wie wir es gerne nennen. Dieser Sinn kann ganz praktisch, religiös oder weltlich sein. Eltern ringen äußerst lange mit sich, dem sinnlosen Verlust ihres Kindes eine Bedeutung zu geben. Trauernde, die wenig an die Sinnhaftigkeit der Welt glauben, neigen eher zu einer »komplizierten« Trauer als Trauernde mit einem positiven Weltbild. Das bedeutet: Wer sehr darum kämpft, einen Sinn im Tod einer Person zu finden, wird eine intensivere Trauer erleben. Jeder von uns hat die Fähigkeit, Sinn in eben dieser Erfahrung zu erkennen, und dann ist ein Voran-Trauern möglich.

»Ich erinnere mich, wie meine Tochter abends ihre Bibi Blocksberg- oder Benjamin Blümchen-Kassetten gehört hat und so konzentriert war, dass sie blind aufs Klo gewatschelt ist.«

MARGRET

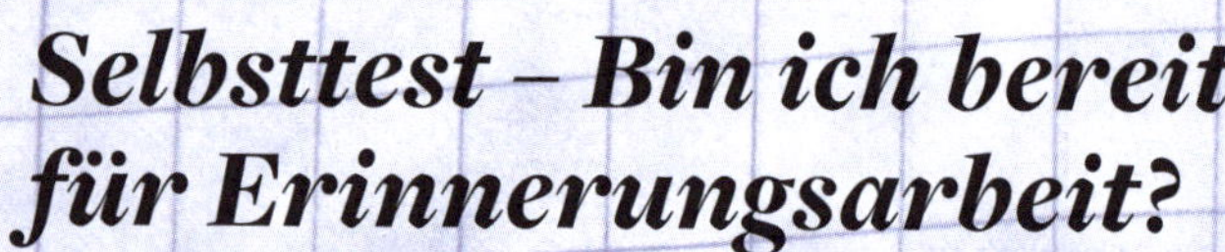

Selbsttest – Bin ich bereit für Erinnerungsarbeit?

Ich habe schon einige unbedeutendere Dinge meines Verstorbenen weggeräumt.

Ich fühle mich wie gefesselt und möchte unbedingt etwas tun, sonst werde ich wahnsinnig.

Ich habe mich einige Zeit recht intensiv mit der Gefühls- und Gedankenwelt meines Verstorbenen auseinandergesetzt und mitgelitten, das brauche ich jetzt nicht mehr.

Ich empfinde fast so etwas wie Leichtigkeit, wenn mich eine Situation an meinen Verstorbenen erinnert.

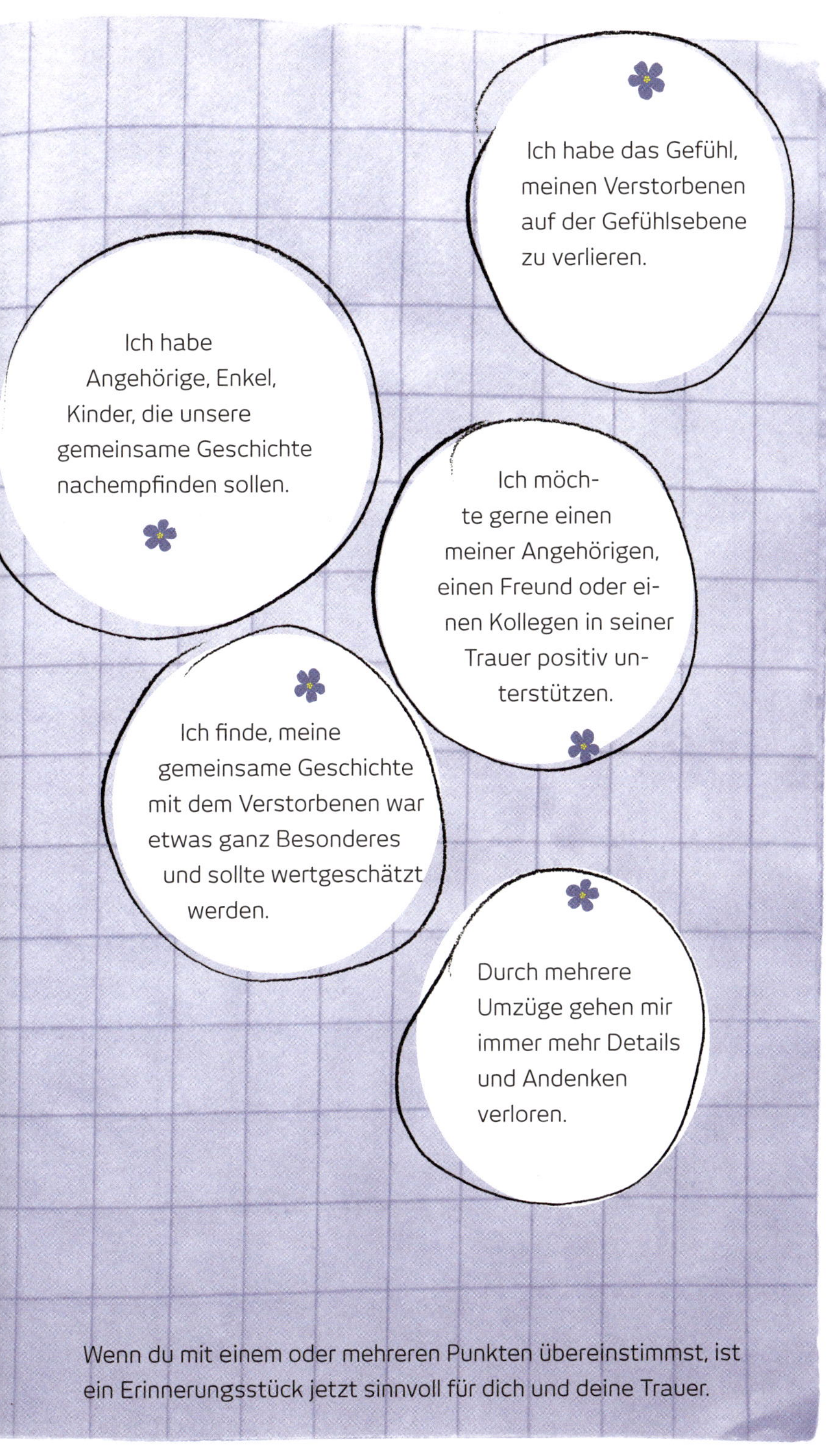

Wenn du mit einem oder mehreren Punkten übereinstimmst, ist ein Erinnerungsstück jetzt sinnvoll für dich und deine Trauer.

Voran-Trauern: Aus Erinnerungen werden Kraftquellen

Als eine Verwandte eine Zeitreise in die Erinnerung beginnt, verändert sich die Stimmung auf Tante Tonis Trauerfeier: »Wisst ihr noch, letztes Jahr, als die Kinder sich hier mit Eiswürfeln beworfen haben?« – »Ja! Und Tante Toni ist hingegangen, und wir alle dachten, dass sie mit den Kindern schimpft. Aber das hat sie nicht. Sie hat sich eine Handvoll Eiswürfel geben lassen und sie ihrer Schwester Luise in den Ausschnitt gesteckt! Wie die gekreischt hat!« »Ich hab keine Luft mehr bekommen vor Lachen!« »Ich auch nicht!« Alle strahlen sich an. Der Garten wirkt plötzlich farbenfröhlicher als zuvor. Die Sonne scheint ein bisschen heller – die Vögel zwitschern lauter. Für eine kleine Weile ist die Familie wieder zusammen auf Tante Tonis Geburtstagsparty. In diesem Moment ist Tante Toni unsterblich geworden.

Erinnerungen haben eine enorme Kraft. Sie beeinflussen unseren Gefühlshaushalt, unsere Beziehungsmuster, unsere Meinungen und unsere Handlungen. Wir interpretieren die Welt und unsere Lage durch die Brille dieser Erinnerungen. Sie können uns ermutigen und beflügeln – oder behindern und belasten. Die Erinnerung wird lebhaft, fast greifbar und kommt zu uns zurück. In Bildern. Wir haben Bilder im Kopf. Bilder, die unser Leben erklären. Bilder, die uns Kraft geben, und Bilder, deren Wucht den Schorf auf alten Wunden wieder absprengen kann. Diesen Schwung nennen wir Voran-Trauern. Wir haben Erinnerungen im Kopf, luftige Gebilde, Wolkenklumpen, ein von uns und für uns zusammengestelltes Potpourri aus Fakten und Fiktion. Doch so real und greifbar uns Erinnerungen auch erscheinen, sind sie tatsächlich Konstruktionen des Gehirns, des Geistes, mit der Dramaturgie einer Erzählung und der Faszination einer Zeitmaschine.

»Wir können uns mühelos mental an andere Orte und in andere Zeiten befördern«, sagt der neuseeländische Kognitionsforscher Michael Corballis. Und sind wir dort erst einmal angekommen, sind wir nicht mehr allein. Wir erzählen die Geschichte eines Menschen, der uns berührt hat.

Das Erinnerungserlebnis mit Tante Toni beweist übrigens auch, wie wichtig der Leichenschmaus am Ende der Beerdigungsfeier ist. Es ist oft die erste Situation nach einer Reihe von Entscheidungen, Erledigungen und Schockstarren, in der wieder gelacht werden darf. Und geweint. Es ist eine Freizeit für Gefühle. Viele solcher Gelegenheiten gibt es nicht. Umso mehr sollte man diese Möglichkeit nutzen, einige Stunden lang für Leib und Seele zu sorgen: essen, trinken, die eigene Erinnerung mitteilen, in gemeinsamen Erlebnissen schwelgen und dabei unbekannte Seiten im Leben des Verstorbenen entdecken. Aber wie erinnert man sich an einen Menschen? Was macht eine gute Lebensgeschichte aus? Ein reines Auflisten von Fakten funktioniert hier nicht. Unser Gehirn braucht Emotionen, um das Stroh des Lebens zu Gold zu spinnen.

Unser Gehirn kann lose Einzelheiten zu Geschichten verschmelzen. Dabei wandert das Erlebte vom Außen ins Innere: Sich erinnern heißt, etwas zu verinnerlichen. Das ganze Leben des geliebten Menschen scheint in einem Augenblick präsent zu sein. Bei diesem Song im Radio. Beim Geruch von Basilikum oder Seife. Beim Essen. Beim Finden einer einzelnen Socke. Beim Leben. Dann kommt dieser Mensch für einen Moment zu uns zurück. Lebhafte Erinnerungen beflügeln uns, halten die Zeit an und setzen heimlich konservierte Glücksgefühle frei. Sie bringen uns weiter, auch und gerade in der Trauer. Denn nur wer weiß, wo er herkommt, kann bestimmen, wo er hin möchte.

Sich in der Trauer bewusst zu erinnern und Erinnerungen lebendig zu halten, setzt viele positive Effekte frei:

VERBESSERTE GEMÜTSLAGE

Britische Studierende, die in einer Untersuchung eine positive Erinnerung aufschreiben sollten, waren danach besser gelaunt als die Kontrollgruppe, die neutrale Ereignisse festgehalten hatte. Erinnerung wirkt wie ein Vorrat an Hochgefühlen, von dem man in Zeiten von Einsamkeit oder Langeweile zehren kann.

GESTEIGERTES SELBSTBEWUSSTSEIN

Erinnerungen kurbeln das Selbstbewusstsein an. In der oben erwähnten britischen Studie lag auch die Selbstachtung tendenziell höher als in der Kontrollgruppe. Wie kam das? Die Forscher vermuten, dass man sich selbst offenbar in wehmütiger Stimmung leichter in einem guten Licht sehen kann.

POSITIVE SINNSUCHE

Das Schwelgen in Erinnerungen lässt das eigene Leben bedeutungsvoller erscheinen. In einer Untersuchung mit amerikanischen Studierenden konnten von Natur aus nostalgische Charaktere ihrem Leben mehr Sinn abgewinnen als eher nüchterne. Derselbe Effekt tritt ein, wenn man dieses Schwelgen künstlich erzeugt. Niederländische Probanden lauschten in einer anderen Studie ihren Lieblingsliedern, und je mehr es sie an etwas erinnerte, desto mehr gab der Song ihnen das Gefühl, ihr Leben sei lebenswert. Wissenschaftler haben gezeigt, dass diese sinngebende Wirkung besonders bei existenziellen Fragen eine Rolle zu spielen scheint: Wenn wir uns gerne Erinnerungen hingeben, denken wir weniger an den eigenen Tod, und selbst wenn, kommt uns die Endlichkeit des Lebens weniger sinnlos vor.

BESSERES SOZIALLEBEN

Zeitreisen wirken sich positiv auf die Beziehung zu anderen Menschen aus, wie Studien zeigen. Paare, die gemeinsam in Erinnerungen schwelgen, fühlen sich stärker zusammengehörig als Partner, die über neutrale Ereignisse und Fakten sprachen.

GESTEIGERTES KÖRPERLICHES WOHLBEFINDEN

Wer in Erinnerungen vertieft ist, dem wird wärmer. In einer Studie schätzten Studierende von Universitäten in China und den Niederlanden den kalten Raum, in dem sie saßen, wärmer ein, wenn sie an ein nostalgisches Ereignis dachten. In wehmütiger Stimmung konnten sie ihre Hände zudem länger in kaltes Wasser halten als in neutraler Stimmung. Das funktioniert auch andersherum: Kälte fördert Nostalgie. Probanden, die in einem auf 20 Grad temperierten Raum saßen, waren schwärmerischer als Teilnehmer in 24 und 28 Grad warmen Räumen.

Nutze deine Erinnerungen

Erinnerungen arbeiten für uns. Sie sind um uns herum. Wir können sie jederzeit für uns einsetzen. Sie sprechen unsere Gefühle direkt an, ohne Umweg über den Kopf, besonders wenn sie kreativ umgesetzt werden. Richtig und falsch nach schulischen Maßstäben spielen keine Rolle – es geht vielmehr darum, der eigenen Lebensgeschichte eine Form und einen Ausdruck zu geben. Alles ist möglich! Sie gibt in der Trauer die Freiheit und die Kontrolle zurück, die eigenen Erinnerungen in eine Form zu fassen, die in das eigene Leben integriert und z.B. als ein Erinnerungsstück ganz greifbar werden kann. Es geht nicht um Perfektion – es geht um das Gefühl der Stimmigkeit. Durch einen kreativen Ansatz werden die

Erinnerungen alltagstauglicher gestaltet. Der Bedeutungsrahmen für das persönliche Leben nach einem Verlust wird rekonstruiert. Sie können mitgenommen werden ins neue Leben. Die persönliche Überlebensschuld in Form eines Schuhkartons voller Fotos des Verstorbenen starrt nicht mehr vorwurfsvoll unter dem Bett hervor. Es findet aber auch keine Verherrlichung statt. Eine gute kreative Erinnerungsarbeit nimmt die Erinnerung und bringt sie zurück in den Alltag, sodass sie ihren Vorwurf und ihren Schrecken verliert. Eine Erinnerung, die man sich zu eigen gemacht hat, wird im Trauerprozess vom Feind zum Freund.

»Ich erinnere mich daran, wie es sich anfühlte, wenn mein Papa seine große, tolle kalte Hand auf meine Stirn gelegt hat.« **ELENA**

Es geht keinesfalls darum, das Leben des Verstorbenen »nachzuleben«. Diese Gefahr besteht in der ersten Trauerphase, in der die Angst vor der Trennung groß ist. Vielmehr geht es darum, den Verlust zu akzeptieren (nicht: gutzuheißen) und anhand der Erinnerungsfragmente die eigene Identität neu zu sortieren. Das geschieht innerlich als Trauerprozess und kann sich äußerlich ausdrücken, indem man der Erinnerung eine feste Form gibt. Dadurch wird der Verstorbene zu einem Teil der eigenen Persönlichkeit, zu einem leichtfüßigen Begleiter, der sich zwar nicht wie der Trauernde weiterentwickeln kann, aber dafür den Trauernden ergänzt.
Die einfachste Form der kreativen Erinnerungsarbeit ist ein kommentiertes Fotobuch. Es bündelt verschiedenste Lebensausschnitte, ist aber nicht aufdringlich. Es kann weggelegt und vergessen werden. Es kann bei jedem Umzug mitgenommen werden. Man kann darin herumkritzeln und es überlebt auch einen zornigen Wurf an die Wand. Gleichzeitig lädt es über Jahre immer wieder zu Diskussion ein, zum Identitätsabgleich. Es ist eine Assoziationshilfe, an der der Trauernde wachsen kann, besonders, wenn die

Kommentare von einer anderen Person, aus einer anderen Perspektive kommen.
Maikes Buch ist ein gutes Beispiel dafür. Maike ist als junge Mutter früh an Krebs gestorben, das hat ihre Familie und den Freundeskreis schwer traumatisiert. Ihre Kinder waren zwei und vier Jahre alt, bei der Beerdigung sprangen sie noch um den Sarg herum. Heute können sie sich daran nicht mehr bewusst erinnern. Denn mit etwa sieben Jahren verblassen die frühen Erinnerungen an die Kindheit. Und damit verschwindet auch etwas sehr Wichtiges: die Identität ihrer Mutter. Erst mit vier Jahren bildet sich das »episodische Gedächtnis« heraus, also jenes Erinnerungssystem, das es uns ermöglicht, Erlebtes in Gestalt von autobiografischen Szenen zu erinnern.

Deshalb hat Maikes ganzer Freundeskreis die Erinnerungsschatzkisten geöffnet und aus Bildern und Anekdoten ein Buch verfasst. Das Ergebnis ist so energievoll und positiv aufgeladen, dass aus den anfangs geplanten drei Exemplaren 16 geworden sind. Jeder der Beteiligten hat – unabgesprochen – einen anderen Zeitraum mit Maike beschrieben. Und dadurch einen eigenen Trauerprozess durchlebt. Herausgekommen ist ein völlig subjektives Buch, das viele Wahrheiten widerspiegelt und den Kindern einen kaleidoskopartigen Blick auf die Lebensgeschichte der Mutter schenkt.
Wenn wir Erwachsenen, die als Kind Mutter oder Vater verloren haben, von Maikes Projekt erzählen, fallen teilweise extrem emotionale Sätze. So sagte zum Beispiel Linda: »Ich war drei Jahre alt, als mein Vater starb. Jetzt bin ich 29. Für so ein Buch voller authentischer Erinnerungen würde ich töten, so gerne hätte ich das, so sehr fehlt mir diese Information in meinem Leben.«

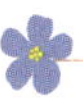

Der Erinnerungsforscher Professor Ernst Pöppel nennt dies »eine Kontaktaufnahme zum eigenen Selbst«. Es ist unheimlich befreiend zu erfahren, dass man eine Vergangenheit besitzt und eine Geschichte hat. Trauern bedeutet, seine Identität neu zu sortieren. Das alte System ist gebrochen, wo wird der eigene Platz jetzt sein?
Hier können die Erinnerungen helfen: Das Bewusstsein eines Menschen von sich selbst, seine innere Kontinuität zwischen Gestern und Heute entsteht aus dem Teil seiner Vergangenheit, den er erinnern kann. Das Tragische bei Demenz und Alzheimer ist ja auch nicht der Gedächtnisverlust an sich, sondern dass sich der Patient nicht mehr finden und bestätigen kann. Damit verliert er sein Selbst

und hat keinen Bezug mehr zum anderen. In der Trauer befinden wir uns in einem ähnlichen Zustand. Sobald wir an einen Punkt kommen, an dem wir uns klar von unserem Verstorbenen distanzieren können, ist die richtige Zeit für Erinnerungen und ihre Stimmungen. Die Konfrontation mit den eigenen selbstdefinierten Erinnerungen, mit Schlüsselerlebnissen – gerade mit Krisen und ungelösten Konflikten – wird produktiv, wenn wir so etwas wie eine Lehre, eine Moral aus der Episode ziehen können. Diese Fähigkeit, auch aus belastenden Erinnerungen einen Nutzen zu ziehen, wächst in der bewussten Auseinandersetzung mit ihnen – und mit ihrer Betrachtung in einer längeren zeitlichen autobiografischen Perspektive.

Um sich gezielter und bewusster und letztlich auch produktiver mit den eigenen Erinnerungen auseinandersetzen zu können, müssen wir unserem autobiografischen Gedächtnis auf die Sprünge helfen. Der erste Schritt dazu ist die Bereitschaft, in der Hektik des Alltags innezuhalten und alle Anforderungen und Zwänge für eine Zeitlang auszusetzen. Erinnerungen bewusst aufsteigen zu lassen und das Material, das sie liefern, kritisch zu prüfen. Das lässt sich beispielsweise durch das Betrachten von Fotoalben initiieren oder durch das Blättern in alten Fotokisten, Briefen und Tagebüchern. Sehr gute Impulsgeber sind auch Erbstücke und Souvenirs, eigentlich alles, was uns als wichtige Spur unserer eigenen Vergangenheit erscheint und uns vielleicht zu konkreteren, genaueren Erinnerungen führen kann. Die ergiebigste und zugleich subjektivste Quelle der Erinnerung ist natürlich der Austausch mit Menschen, mit denen wir unsere Erinnerungen teilen. Wie haben sie eine bestimmte Lebensphase, eine Krise, einen Wendepunkt oder ein glückliches Ereignis erlebt? Ergänzt ihre Darstellung unsere Erinnerung, widerspricht sie ihr?

Viele Trauernde erzählen, sie haben ihren Verstorbenen erst verloren und dann durch die geteilten Erinnerungen mit fremden Menschen wiedergefunden. Durch Gespräche mit anderen, die auch um den Verstorbenen trauern, beginnt man, einen festen Platz für den Verstorbenen im eigenen Leben zu finden. Durch den gemeinsam erlebten Verlust kann man zusammen entdecken, wer der oder die Verstorbene war und was sie ihnen bedeutete. Ist man nur auf die eigenen Erinnerungen angewiesen und auf die Unterstützung derjenigen, die den Verstorbenen nicht gekannt haben, also beispielsweise in einer Trauergruppe, kommt man zwar den eigenen Gefühlen auf die Schliche, findet aber vielleicht nicht so umfassend heraus, wer die oder der Verstorbene war und wie genau die Person ein Teil der eigenen Lebensgeschichte, des eigenen Lebens werden konnte. Das ist ein Prozess, der sich über mehrere Monate hinziehen kann und in dem man dann vielleicht auch nicht mit Menschen sprechen mag, die den Verstorbenen nicht kannten. Man nennt es »einen inneren Dialog mit der oder dem Toten führen«. Dieser Dialog hilft, die Gedanken zu klären, unerledigte Dinge abzuschließen und sich auf die Zukunft vorzubereiten. Die Person in ihrem Lebenswerk zu erfassen, ist ein Schlüsselmoment in der Trauerarbeit.

»Ich erinnere mich an die Hände meines Vaters. Er war Chirurg und hatte wirklich heilende Hände. Man hatte echt das Gefühl, wenn er einen berührt, dann geht es einem besser. Außerdem waren die Hände so schön. Nach seinem Tod habe ich die Unterlagen durchgeschaut und finde eine Fotokopie von seinen Händen. Da hat er echt seine Hand auf den Fotokopierer gelegt und abkopiert. Ich hab mich so gefreut, das zu finden.« **AYSE**

Eine Möglichkeit, das im großen Stil zu machen, ist das Erinnern in Form von Erinnerungsfeiern, wie es zum Beispiel das Hospiz »Hamburg Leuchtfeuer« in Zusammenarbeit mit dem Künstler Stefan Weiller (www.und-die-welt-steht-still.de) im Herbst 2014 und 2015 im Hamburger Michel gezeigt hat. Die Veranstaltungsreihe heißt »Letzte Lieder« und wird in Hamburg anlässlich der Hospizwoche jährlich neu aufgelegt. Stefan Weiller interviewt im Vorfeld Sterbende und fragt sie, welches Lied nach ihrem Tod zu ihrer Erinnerung gespielt werden solle. Daraus sind liebevolle Geschichten voller Erinnerungen und Anekdoten rund um den Verstorbenen entstanden. Diese werden von Schauspielern und Sprechern vorgetragen. Und am Ende jeden Beitrags wird das gewünschte »letzte Lied« gespielt. Das Ergebnis war ein sehr lebendiger, mit Humor erleuchteter Abend, an dem man richtig in die Erinnerungen anderer Menschen eintauchen konnte. Das war traurig und schön zugleich. Ein Erinnerungskonzert wie »Das letzte Lied« kann auch schnell langweilig werden, wenn es unpersönlich ist. »Hamburg Leuchtfeuer« hat es aber geschafft, durch den Perspektivenwechsel aus autobiografischen Bemerkungen und objektiven Beobachtungen ein Spannungsbogen zu erschaffen, der die Zuhörenden an das fremde Leben fesselt.

Ein Erinnerungsvorrat, der »Lebensenergie« für die Zukunft liefert, steht im Mittelpunkt der kreativen Erinnerungsarbeit. Der erste Schritt ist das freie Erinnern. Das bedeutet, das Erinnerte wird nicht bewertet, nicht auf Echtheit geprüft, nicht mit Vergangenheit oder Gegenwart verglichen. Der zweite Schritt ist, sich ein persönliches Erinnerungsstück zu erstellen, das einen durch den eigenen Entwicklungsprozess begleitet und von dem man in schlechten Zeiten zehren kann. Alle Erinnerungsstücke bekommen die Form von ihrer Geschichte, nicht von ihrem Gestalter. Das bedeutet, die Erinnerung bringt immer schon die Form mit, die sie braucht, um in den Alltag des Trauernden integriert werden zu können. Ein Beispiel: Eine Schulklasse will nach dem Tod einer Mitschülerin etwas für die Geschwisterkinder und Eltern tun. Eine Lösung kann sein: Jedes Kind gestaltet mit Buntstiften, Kleber, Schere und ausgedruckten Fotos eine Seite eines Albums mit seinen persönlichen Erinnerungen an die Mitschülerin. Von diesem Buch bekommt jedes Kind ein Exemplar, quasi als Erinnerung und Momentaufnahme der gemeinsam verbrachten Zeit. Das in sich geschlossene Buch ist für die Schüler auch ein Symbol dafür, dass die Geschichte der Mitschülerin nun – leider – für immer beendet ist.

Gestern und morgen

A) Klebe hier eins deiner Lieblingsfotos von deinem Verstorbenen ein.
B) Male ohne groß nachzudenken drumherum das Bild weiter.
C) Schreib das Wort darüber, das dir als erstes einfällt, wenn du fertig bist! Es ist dein Bild, niemand wird es sehen. Bitte hab nicht den Anspruch an dich selbst, dass es perfekt sein soll. Es ist einfach so, wie du es malst.

Erinnerungen als Trauerhelfer

»Trost« ist das Ziel, nicht der Weg

Wir wollen ein Erinnerungsstück schaffen, keinen Staubfänger. Es geht schließlich darum, das Leben und den individuellen Charakter des Verstorbenen in einer Form festzuhalten, die einen besonderen Moment oder ein ganzes Leben für den Trauernden sinnvoll wiedergibt. Die richtige Form kann ein Buch für die Kinder des Verstorbenen sein, in dem alte Schulfreunde erzählen, wie die Mutter oder der Vater als Kind war. Oder es kann ein Film sein, zusammengestellt aus alten Super-8-Schnipseln und neu vertont mit ihrer Geschichte. Ein Schal gestrickt aus der Wolle des Lieblingspullovers der Oma. Oder eine Zeichnung, auf der die wichtigsten Lebensstationen eines begeisterten Hobby-Wanderers wie auf einer Landkarte festgehalten werden.

Am Anfang steht immer die Frage: Was ist an Erinnerungen vorhanden? Welche Materialien können wir verwenden, inwieweit können wir diese verändern und was soll das Erinnerungsstück am Ende für eine Geschichte erzählen?

> »Ich erinnere mich, als ich am 11. September 2001 unter der Dusche stand, die Radiomeldung von dem Flugzeugabsturz im World Trade Center kam und ich dachte: Der Pilot muss aber ganz schön besoffen gewesen sein, dass er genau in diesen Turm fliegt. Und wie danach in Zeitlupe die Erkenntnis in mein Gehirn tröpfelte, dass da was Unfassbares passiert ist.« **MIRI**

Auf einer Ausstellung, die wir Ende Juli 2015 in unseren Räumen mitten im bunten trubeligen Schanzenviertel Hamburgs veranstaltet haben, war plötzlich die Frage im Raum: Wie ist das mit dem Trost? Eine ganze Trauerkarten- und Andachtsgeschenke-Industrie hat sich den Trost als Wundermittel auf die Fahnen geschrieben. Aber ist

Trost in der Trauer überhaupt realistisch oder nur der Wunsch der anderen, dass Trauernde schnell wieder »so wie früher« sein sollen. Trost ist das Ziel. Der Weg dahin führt über Geduld, Fürsorge, Zeit, Emotionen und Trösten.

Trösten, ja, das geht. Trösten bezeichnet einen Weg, eine Bewegung, nicht das Ziel. Wer getröstet wird, schuldet dem Tröstenden nichts. Wer hingegen Trost verschenkt, erwartet Besserung. Insofern ist das Konzept des Trosts erst einmal eine Bequemlichkeit, die dem Trauernden nichts gibt und womit er sich in seiner Trauer auch nicht besser fühlt. Wir sehen die Erinnerungsarbeit als Gegenentwurf zu diesem Verständnis von Trost – Erinnerungen schenken Kraft, sie sind die Tankstellen auf dem Weg der Trauer, an dessen Ende vielleicht Trost im Sinne von Frieden gefunden werden kann. Dieser Trost ist aber aus der eigenen Trauer hervorgegangen, weil ich mich selbst damit beschäftigt habe und nicht, weil mich jemand getröstet hat.

Erinnerungen passen in jede Trauer

ERINNERUNGEN NACH DEM TOD DER GROSSELTERN

Groß- und Urgroßeltern sind die Wurzeln der Familie. Mehr noch als die eigenen Eltern kennen sie die Geheimnisse und die Familiengeschichten, auch die inoffiziellen, die man sich unter der Hand erzählt. Sie wissen mehr über die eigenen Eltern als die Eltern selbst. Sie geben ein großen Stück Familienidentität und haben ihren Enkeln gegenüber eine fürsorgliche Rolle, ohne diese erziehen zu müssen. Sie sind unbelastet vom Konfliktpotenzial, das in der Beziehung zwischen Eltern und Kindern liegt. Die Großeltern können in der Regel die Kinder genießen, ohne Verantwortung übernehmen zu müssen, wie es Eltern tun. Dafür werden sie von ihren Enkeln geliebt und verehrt, in deren Leben sie oft eine prägende Rolle einnehmen. Mit ihrem Tod stirbt ein Stück sorgloser Kindheit. Auch wenn der Kontakt zu den Großeltern nicht besonders eng war, ist deren Tod für die Enkel oft die erste direkte Begegnung mit dem Sterben. Das Kind sieht seine Eltern trauern und leiden: Das ist eine schmerzhafte Erfahrung, die erwachsen macht. Die Eltern, die eigentlich alles können und möglich machen, zeigen sich für ein Kind auf erschreckend verletzliche Weise schwach. Wenn selbst meine starken Eltern diesem Tod nichts entgegenzusetzen haben, was soll ich dann machen?

Für erwachsene Enkel hat der Tod der Großeltern eine weitere Dimension. Oft stellt sich mit Anfang, Mitte Dreißig die Frage nach der eigenen Familiengeschichte. Das liegt vielleicht daran, dass man in dieser Lebensphase damit beginnt, sich mit der eigenen Familiengründung und auch mit der eigenen Herkunft auseinanderzusetzen. Mit dem Tod der Großeltern stirbt jedoch die Verbindung in die Vergangenheit.
Fragen, die in dieser Auseinandersetzung auftauchen, kann niemand mehr beantworten, wenn die Großeltern nicht mehr leben. Im Nachlass sind Familienbilder, die Menschen zeigen, die nicht mehr zugeordnet werden können. Briefe aus längst vergessenen Zeiten zeigen die vertrauten, aber zugleich befremdlich jugendlichen Großeltern. Man bemerkt Ähnlichkeiten in Gesichtern und Gesten oder Wiederholungen in Lebensgeschichten.

Es lohnt sich, diese Lebensfragmente gemeinsam mit Verwandten zu sortieren und in eine Form zu bringen. Zum Beispiel durch eine zum Buch gebundene und beschriftete Collage. Hier werden alle Dokumente gesammelt und eingeklebt. Es kann bei Familienfeiern herumgereicht werden und alle Familienmitglieder können die

Sammlung kommentieren und weiter vervollständigen. So entsteht über Jahre ein Erinnerungsbuch, das sich aus vielen Erfahrungs- und Erinnerungsquellen zusammensetzt.
Eine weitere Möglichkeit ist das kommentierte Genogramm. Das Genogramm an sich ist eine strukturelle Landkarte der Familienverhältnisse, ähnlich wie ein Stammbaum. Hier werden alle Familienmitglieder einander zugeordnet, Familienstand, Geburts- und Todesdaten eingefügt. Das gibt einen Überblick über das eigene Familiensystem und kann dann auch mit Kommentaren angereichert werden. Das fühlt sich oft an wie eine Schatzsuche, mit Höhepunkten, aber möglicherweise auch frustrierenden Erkenntnissen. All dieses Wissen kann aber sehr glücklich machen! Die Frage ist nämlich nicht »Woher komme ich?«, sondern »Woher kommen die anderen?«. Und da lohnt es sich, bei den lebenden Verwandten neugierig nachzufragen und auf Unregelmäßigkeiten, Anekdoten, Tratsch und Klatsch sowie auf die Familiengeheimnisse, die man sich unter der Hand erzählt, zu achten. Denn diese Lebensgeschichten und Erinnerungen machen die Familienidentität aus und wirken oft bis in das eigene Leben hinein.

Eine Form der Erinnerungsarbeit, die noch zu Lebzeiten der Großeltern stattfinden kann, ist die Biografiearbeit. Man kann den Großeltern zum Beispiel für eine gewisse Zeit einen Biografen zur Verfügung stellen, der das Erzählte professionell zusammenfasst. Das ist ein gutes Geschenk für Großeltern, die einen runden Geburtstag feiern, oder zur Geburt des jüngsten Familienmitglieds. Sind die Großeltern schon verstorben und es gibt wenig Verwandte aus einer älteren Generation oder die Familie lebt auf der ganzen Welt verstreut, kann man sich an einen Ahnenforscher wenden. Der findet zwar eher die Fakten als die Erlebnisse heraus, aber meist ist in den Archivdokumenten dann doch auch der eine oder andere Schatz zu

entdecken. Einmal herausgearbeitet, kann diese Ahnenforschungsarbeit in der Familie weitergegeben oder weitergeführt werden. Ahnenforschung ist in Deutschland nicht sehr populär, was vielleicht an der Angst liegt, auch geschichtlich unangenehmen Tatsachen ins Auge sehen zu müssen, die man lieber nicht in der eigenen Familie sehen würde. Die USA als Auswandererland stehen der Forschung offener gegenüber und oft führt die Spur nach Deutschland und bringt spannende Lebens- und Liebesgeschichten zum Vorschein.

»Ich erinnere mich an die Beerdigung meiner Oma, es wurden so viele wundervolle Worte über sie, ihr Lebenswerk und ihre Werte gesagt. Das war echt schön, sie noch einmal so hervorzuholen, die Erinnerung an sie so zu formen und zu formulieren.« **ULRIKE**

ERINNERUNGEN NACH DEM TOD DER ELTERN

Unsere Eltern verwurzeln uns im Leben. Sie geben uns Identität, nähren und beschützen uns und geben alles, um uns stark für das Leben zu machen. Der Tod der Eltern ist, so möchte man meinen, aus der Sicht eines erwachsenen Kindes ein ordentlicher Tod innerhalb der vom Leben vorgegebenen Reihenfolge, ein Tod, der eine unkomplizierte Trauer mit sich ziehen könnte. Eine Trauer, die jeder Mensch ohne Hilfe bewältigen kann. Jeder von uns hat die Selbstheilungskräfte dazu, sofern aus dieser Trauer keine scheinbar lebensbedrohliche Belastungssituation wird, wie sie zum Beispiel der Tod eines Kindes sofort hervorruft. Offensichtlich wird der Tod der Eltern von den erwachsenen Kindern aber heute traumatischer wahrgenommen als noch vor 60 Jahren. Vielleicht auch deshalb, weil weniger Familie um uns herum ist als damals, um uns zu stützen, uns zu zeigen und vorzuleben, wie das mit dem Tod und der Trauer eigentlich funktioniert. Es sind richtiggehend Berührungsängste zu diesem Thema entstanden, wir haben einen gesunden Umgang mit Verlust über Generationen verlernt. Nicht zuletzt deshalb wird eine Trauerbegleitung immer wichtiger, die eigentlich nichts anderes macht, als der Trauer einen Raum zu schaffen, ihr zu erlauben, dass sie da sein darf.

Mit den Eltern stirbt die Antwort auf die Frage nach der eigenen Identität. Die Frage nach dem Woher. Es stirbt die eigene Wurzel. Mit dem Tod der Eltern stirbt die eigene Kindheit. Und die ist wichtig für die Stabilität im eigenen Leben. Es kommt der Moment, an dem man das Leben der Eltern aufräumen muss, der Moment, in dem man endgültig erwachsen wird.

Stirbt ein oder sterben beide Elternteile, wenn das Kind sehr jung ist, ist es wichtig, die unterschiedlichsten Erinnerungen aus dem Leben der Eltern für das Kind zu konservieren. Das Kind wird sich in jeder Lebensphase brennend dafür interessieren, wie die Eltern in diesem Alter waren. Insofern ist Erinnerungsarbeit besonders für sehr kleine Waisen und Halbwaisen außerordentlich sinnvoll. Zum Beispiel wenn Freunde und Verwandte, die schon ein ganzes Leben mit dem verstorbenen Elternteil gelebt haben, ihre Erinnerungen teilen, sei es als Buch mit Erinnerungen und Fotos oder als Film. Wichtig ist dabei, dass die Lebensgeschichte der Eltern schon vor der Geburt der Kinder beginnt. Wie haben sie sich kennengelernt? Wie und wen haben sie das erste Mal geküsst? Die Umsetzung eines solchen Erinnerungsstücks sollte immer so gewählt werden, dass es leicht zu transportieren ist und zu einem ständigen Begleiter taugt. Erinnerungsstücke für Kinder sind meist gesammelte Archive in Buch- oder Videoform, weil sie mehr Informationen als Gefühle speichern müssen. Selbst scheinbar unwichtige Informationen sind äußerst wertvoll für die Kinder. Briefe, Zeugnisse, VHS-Kassetten, Schmuckstücke und Poesiealben sollten konserviert werden, weil in ihnen ein Zauber steckt, den das Kind vielleicht erst in der Mitte seines Lebens entdeckt. Dazu müssen nicht kiloweise Haushalt aufbewahrt werden. Zum Beispiel kann ein Erinnerungsbuch ganz haptisch nur mit Stoffen aus dem Leben der Eltern hergestellt werden – eine Seite ist aus dem Brautkleid der Mutter, andere aus dem Autositzbezug des Vaters, aus dem Lieblingssofa, eine Haarlocke des Familienpudels, der Babydecke des Kindes.

Auch ältere und erwachsene Kinder betrachten Erinnerungen an die Eltern wie Schätze. Hier spielen Lebensereignisse die wichtigste Rolle, aber auch Gegenstände, die mit Bedeutung aufgeladen wurden, wie zum Beispiel Familienerbstücke, Hochzeitsfotos, Tagebücher. Über allem schwebt die Frage – wo komme ich her? Welche Seite meiner Eltern lebt in mir weiter? Wie waren meine Eltern, als sie so alt waren wie ich? Was kann ich von ihnen lernen? Was gebe ich eventuell an meine Kinder weiter?
Wie kann ich das elterliche heimelige »Zuhause-Gefühl« meiner Eltern bewahren? Neben den oben genannten Klassikern eignen sich hierfür Dinge, die eine Wirkung hervorrufen. Also zum Beispiel, wenn alle Geschwister und Verwandten ihre Lieblingsrezepte der Mutter sammeln und für die gesamte Familie einen immerwährenden Rezepte-Kalender machen. Oder wenn aus dem Nummernschild des letzten Familienautos der Buchdeckel eines Fahrtenbuchs des Lebens gemacht wird, das die wichtigsten Lebensstationen der Eltern visualisiert.

Wir wissen alle, dass unsere Eltern wahrscheinlich vor uns sterben werden. Trotzdem wirft der Tod der Eltern viele auch als Erwachsene mehr aus der Bahn als erwartet. Wir haben keine Erfahrung mit dem Tod, denn der Tod wurde kontinuierlich aus unseren Leben weggestaltet. Früher haben die Enkel gesehen, wie die Oma immer älter und stiller wurde. Nach dem Tod hat die Familie den Körper der Verstorbenen gemeinsam gewaschen, die Oma wurde im Wohnzimmer aufgebahrt, drumherum haben die Kinder gespielt. Ganz Mutige haben die Oma noch einmal angefasst und so im wahrsten Sinne des Wortes »begriffen«, was mit ihr los ist, dass sie ganz kalt ist, dass sie friedlich aussieht.
Heute ist der Tod sehr weit von uns entfernt. Alles, was altert, faltig wird oder verfällt, wird aus unserer Timeline des Lebens

ausgeblendet. Die Kinder werden, um sie zu »schützen«, nicht auf Beerdigungen mitgenommen, obwohl sie schon ab ungefähr drei Jahren selbst entscheiden könnten, ob sie dabei sein wollen. Dieses Verdrängen mag für den Moment scheinbar erleichternd wirken, zeigt sich aber von seiner üblen Seite, sobald das erste Mal der Tod so richtig ins Leben einbricht – etwa, wenn man sich Ende Dreißig plötzlich am Grab der Eltern wiederfindet oder als Fünfzigjähriger das langsame Hinfälligwerden der alten Eltern miterlebt.

> »Ich erinnere mich, wie mein Vater immer gesagt hat: Die Lage ist hoffnungslos … aber nicht ernst!« **KATHRIN**

ERINNERUNGEN NACH DEM TOD DES LEBENSPARTNERS

Mit dem Tod des eigenen Partners sterben Vergangenheit und Zukunft zugleich. Die gemeinsam erlebten Stunden, Zeiten und Jahre auf der einen Seite, die Visionen und Wünsche auf der anderen Seite. Es ist das Ende einer Liebesgeschichte. Dazu kommt die finanzielle Bedrohung, wenn der Partner der Hauptverdiener der Familie war oder eine lange, schwierige Krankheitsphase die Familie schon vor dem Tod finanziell stark belastet hat.

Auch gemeinsame Kinder symbolisieren Zukunft, Wünsche und Visionen. Ihre Ähnlichkeit mit dem verstorbenen Partner kann tröstlich und schmerzhaft zugleich sein. Durch den Tod des Partners erfährt das Leben eine gnadenlose Wendung. Alles muss neu geordnet werden, ein Elternteil muss das fehlende Teil für die Kinder ersetzen und Alltagsaufgaben des Partners, der Partnerin von heute auf morgen selbst bewältigen. Nur wenn ein Tod vorhersehbar ist, lässt sich diese Veränderung vorbereiten, so wie es ein älteres Ehepaar, das seit 40 Jahren verheiratet ist, gemacht hat. Das Paar hat sich die Aufgaben im gemeinsamen Haus aufgeteilt: Sie erledigt alle bürokratischen Aufgaben, während er sich um die Instandsetzung des Hauses kümmert, das mit den Jahren seine Macken und Eigenheiten entwickelt hat. Als er eine Krebsdiagnose mit schlechter Prognose erhält, sind beide zunächst geschockt. Die beiden haben in ihrer Trauer auch viele Befürchtungen rund um den Alltag, unter anderem auch diese der Frau: »Wie soll ich hier im Haus ohne meinen Mann leben – ich weiß nicht einmal, wie die Zentralheizung im Keller angeschaltet wird!« Den Gedanken, seine Frau so sehr im Stich zu lassen, konnte der Mann nicht ertragen. Also setzte er sich hin und trug ganz akribisch in ein Schulheft ein, was alles im Haus zu erledigen ist und wie man das macht. Für jedes Teil im Haus, jeden Knopf, Hebel und Schraubenzieher schrieb er ihr eine detaillierte Anleitung und hinterließ ihr so eine liebevolle Erinnerung und die Freiheit, als Witwe unabhängig in ihrem gemeinsamen Haus zu wohnen.

Stirbt der Partner, verschwinden auch liebgewonnene Gewohnheiten. Wer lädt schon einen Witwer zu einem Pärchenabend ein? Wer will mit einer Trauernden Sommerfest auf der Finca feiern? Wer von den Freunden des verstorbenen Partners hält noch Kontakt? Viele Menschen haben unheimlich Angst, den trauernden Freund unnötig zu verletzen, und machen dadurch den Fehler, ihn zu ignorieren und damit auch zu isolieren. Man verliert also nicht nur den Partner, sondern auch Freunde.

Und wenn man sich eines Tages tatsächlich neu verliebt, entsteht auch nach Jahren noch die Schuldfrage – darf ich das? Wie nehme ich meinen verstorbenen Partner mit in meine neue Beziehung, sodass ich unserer Zeit gerecht werde, ohne meine neue Partnerschaft damit zu belasten? Wie kann ich meinen Kindern das Vermächtnis ihres Vaters oder ihrer Mutter erhalten und ihnen gleichzeitig ein

neues Elternteil geben, ohne dass sie das Gefühl haben, mit dem neuen Partner ist der verstorbene Partner endgültig verloren?
Und wie gehe ich als unbeteiligter neuer Partner mit der früheren Partnerschaft um, die nicht freiwillig beendet wurde? Wo finde ich meinen Platz und wie vermeide ich Konkurrenzdenken?
Hier ist einmal wichtig, die Erinnerungen mit dem verstorbenen Partner festzuhalten, sodass sie nicht verloren gehen können. Der Partner wurde schon einmal im realen Leben verloren, die Erinnerungen und die gemeinsame Lebensgeschichte in irgendeiner Form festzuhalten, gibt neuen und alten Familienmitgliedern Sicherheit. Den betroffenen Familienmitgliedern die Gewissheit, dass ihnen diese Erinnerungen nicht mehr genommen werden können, und dem neuen Partner – vielleicht auch mit eigenen Kindern – die Sicherheit, dass dieses Kapitel abgeschlossen ist, diese Geschichte ein Ende hat, das von allen Beteiligten akzeptiert und gesehen wurde. Aufräumen macht ja auch Platz für Neues: Der neue Partner darf natürlich nicht die Visionen des Vorgängers fortführen, aber die Erinnerungsarbeit gibt ihm Raum, seine eigenen Visionen und Träume zu entwickeln. Indem er die Erinnerungen und die Lebensgeschichte wertschätzt, entsteht eine ganz besondere Verbundenheit innerhalb der Patchworkfamilie.

Egal, ob eine neue Partnerschaft im Raum steht oder nicht – die Grundlage der Erinnerungsarbeit können gemeinsame Erlebnisse sein wie auch Gegenstände, die noch den Duft, den Zauber des Partners in sich tragen. Auch hier kann es sich lohnen, ein »Lebensbuch« zu machen, indem man alle Freunde und Bekannte des Partners zu Wort kommen lässt und so von unbekannten Seiten und Facetten des Partners erfährt.
Kinder in jedem Alter können das Lebensbuch spielerisch-kreativ mit Bildern, Collagen und Geschichten bereichern. Das hilft bei der

Neuorientierung in der Trauer, gibt ihnen einen direkten Zugang zu ihren Gefühlen und hält die Trauer so in Bewegung. In diesem Fall gilt: Auch erfundene Erinnerungen sind erlaubt, allerdings sollte man nachfragen, warum das Kind ausgerechnet auf diese Geschichte kommt. Denn erfundene oder fantastisch veränderte Erinnerungen können Wünsche und Visionen beinhalten, die nicht ausgelebt wurden. Kinder haben nach einem außerordentlichen Verlust eines engen Familienmitglieds auch oft Fantasiefreunde, mit denen sie Szenen rund um den Verstorbenen nachspielen und sich so mit der Trauer auseinandersetzen. Es ist manchmal mehr wahr, als Erwachsene sehen können. Im Zweifel gilt: Wenn es für das Kind wahr und wichtig ist und es eine gute Erinnerung ist, dann darf sie bleiben.

Im Trauerprozess muss über viele Gegenstände entschieden werden, die dem Partner gehörten. Wann darf ich etwas wegwerfen? Oder besser: Wann möchte ich etwas wegwerfen? Oft muss man etwas wegwerfen, weil sich mit dem Verlust des Partners auch Lebensumstände ändern können. Man muss in eine kleinere Wohnung ziehen oder wegen eines neuen Jobs in eine andere Stadt. Es stehen Entscheidungen an, die man gar nicht treffen mag: Welche Kleidungsstücke bewahre ich auf? Welche Bücher? Was, wenn ich jetzt leichtfertig etwas wegwerfe, das eigentlich bedeutsam für mich ist? Es ist auf jeden Fall wichtig, sich für diese Entscheidungen Zeit zu nehmen. Und idealerweise hat man einen lieben Menschen an der Seite, der einen dabei unterstützt. Denn einen Schrank voller Kleidung, eine Duftwolke voller Erinnerungen auszuräumen, jedes einzelne Teil in die Hand zu nehmen und darüber zu entscheiden, das ist wahnsinnig anstrengend. Am besten teilt man sich diese Aufgabe in mehrere Etappen ein und macht sie nicht alleine.

Eine Orientierungshilfe beim Aufräumen kann es sein, alle die Dinge zu behalten, die stark mit Erinnerungen aufgeladen sind:

Lieblings-Shirts, das Brautkleid, Kleider vom ersten Date, Kleider, die auf prägnanten Fotos zu sehen sind, besondere Dinge, die der Partner aus seiner Kindheit aufgehoben hat, zum Beispiel Kuscheltiere oder Kindheitsfotos, Schmuck, Tagebücher oder Blogaufzeichnungen, das Handy, der Computer. Und natürlich Dinge, die an gemeinsame Aktivitäten erinnern: Steine vom Strand in den Flitterwochen, der erste Liebesbrief oder die erste SMS.

> »Ich erinnere mich daran, wie wir im Oktober im Blätterkonfetti durch den Wald tanzten.« **ANIKA**

Ein schönes Erinnerungsstück ist zum Beispiel, wenn aus dem SMS-Verlauf der gesamten Beziehung oder aus E-Mails, die sich das Paar geschrieben hat, ein Buch gestaltet wird. So wird ein digitales, flüchtiges Medium zu etwas Greifbarem, Sicherem, das man nicht so einfach löschen kann. Und welches Kind ist nicht an der Geschichte interessiert, wie sich die Eltern kennengelernt haben?
Auch aus den Kleidungsstücken, die ja oft noch den Duft des Partners tragen, kann ein sinnvolles Erinnerungsstück gemacht werden. Das einfachste ist, ein passendes Kleidungsstück einfach anzuziehen, emotional schwieriger wird es, wenn man es zerschneidet, um beispielsweise ein Kissen daraus zu nähen. Eine besonders starke Form der Erinnerung stellt das »mapapu«, die sogenannte Mama-Papa-Puppe, dar, ein aus T-Shirts des Verstorbenen genähtes Kuscheltier. Ursprünglich wurde es für Trennungskinder erfunden. Inzwischen werden sehr viele »mapapus« für trauernde Kinder und vor allem für trauernde Erwachsene genäht. Wie ein Teddybär in Kindertagen ist das »mapapu« ein tröstlicher Vertrauter, der immer da ist, nicht kommentiert, jederzeit ein offenes Ohr hat und nach dem Partner duftet. Wenn man will, kann man das Kuscheltier umarmen oder auch an die Wand werfen. Es ist nicht nachtragend.

ERINNERUNGEN NACH DEM TOD DER KINDER

Das eigene Kind zu verlieren, ist eine grausame Erfahrung. Wir kennen die Spielregeln des Lebens: Die Alten sterben vor den Jungen. Und plötzlich ist es andersherum. Ein Kind stirbt. Und damit stirbt auch die Zukunft. Wenn sich etwas so Grundsätzliches wie die Spielregel des Lebens so leicht brechen lassen, auf was kann man sich dann noch verlassen? Eltern, Großeltern und Geschwistern entzieht es den Boden unter den Füßen. Der Alltag rennt gnadenlos weiter, aber in welche Richtung? Die Zeit heilt keine Wunden, das ist eine Lüge, aber schließlich stellen sich doch elementare Fragen: Welchen Platz soll unser totes Kind in der Familie haben? Welchen Platz darf es haben? Was sage ich, wenn ich gefragt werde, wie viele Kinder ich habe? Lüge ich, um den Fragenden und mich vor diesem Teil meiner Lebensgeschichte zu schützen, oder bin ich gnadenlos ehrlich? Was macht die Trauer mit meiner Familie? Warum ist mein Mann so still – trauert er nicht? Warum ist meine Frau so hysterisch? Sind wir noch Eltern?

Der Tod des Kindes ist eine extreme Belastung, die ihre Zeit braucht. Eltern trauern ihr Leben lang um ihr Kind. Geburtstage werden zelebriert und Spielzeuge gekauft, das Kind wächst in der Trauer mit und wird älter. Oft wird das Kinderzimmer so gelassen, wie es war: So versuchen Eltern, das Leben mit dem Kind zu »konservieren«. Alles riecht nach dem Kind, als könnte es jeden Moment zurückkommen und einfach in seiner gewohnten Umgebung weiterleben. Auch noch diese Umgebung zu verlieren, das Zimmer aufzulösen, dem Kind die Lebensgrundlage zu nehmen, es quasi aufzugeben, das ist für viele Eltern indiskutabel. Ein Erinnerungsstück kann dabei helfen, nicht in der Vergangenheit zu verharren. All das, was im Zimmer mit Bedeutung aufgeladen ist, kann verarbeitet werden. So kann das Gefühl entstehen, dass man das Zimmer jetzt auflösen kann, ohne das Kind zu verlieren, weil man es anders bei sich trägt.

Wichtig für eine solche Erinnerungssammlung ist, die Erinnerungen von vielen Menschen, Freunden, Freundinnen, Schulkameraden, Cousinen, Erzieherinnen und Lehrerinnen zu sammeln, um ein umfassendes Bild vom Kind zu bekommen. Eltern neigen dazu, das eigene Kind zu verherrlichen, was zunächst nicht verwerflich ist, aber für eine gute Erinnerungsarbeit zu wenig facettenreich. Bei sehr kleinen Kindern, die noch wenig Kontakt mit der »Außenwelt« hatten, kann natürlich auch schon das familiäre Umfeld viel dazu beitragen.

Einer Mutter, die ihr Kind verloren hat, zu sagen sie müsse es »loslassen«, ist natürlich sehr unsensibel, daher bietet es sich gerade bei Eltern an, mit sachlichen Erinnerungen zu arbeiten, mit Erinnerungsspeichern. Das kann zum Beispiel ein Diamant sein, gepresst aus Haaren oder der Asche des verstorbenen Kindes. Das kann aber auch der Handabdruck, Fußabdruck oder Fingerabdruck sein, der als Skulptur oder Schmuckstück zum Anfassen und vor allem zum »Begreifen« einlädt. Eine Locke, gerahmt, im Schlafzimmer aufgehängt. Viele Mütter erzählen von einer selbst gemachten Erinnerungsbox, in denen sie einige »Schätze« aufbewahren, auch das ist eine gute Sache. Kinderbilder und Zeichnungen können in einem Fotobuch vor dem Verlorengehen bewahrt werden. Oder ein bisschen Asche in einer Miniurne, zum Beispiel als Anhänger, der einen die erste Zeit überallhin begleiten kann.

Für die Eltern von jugendlich verstorbenen Kindern ist es interessant, einen Blick auf die Social-Media-Aktivitäten ihres verstorbenen Kindes zu werfen. Oft erschließt sich den Eltern eine ganz neue Welt, wenn sie das erste Mal die Timeline und die Fotos ihres Kindes sehen. Dies zu einem Album gemacht, ist ein Erinnerungsstück, das fehlende Gefühls-Puzzlestücke liefert und den Eltern eine Seite des Lebens ihres Kindes zeigt, von der sie nur am Rande mitbekommen haben.

»Ich erinnere mich an den Geruch meiner Tochter, nachdem sie gerade geboren war. Sie roch nach warmem, feuchtem Waldboden. Warm, schwer und moosig. Das war verrückt, aber ich konnte dieses kleine Wesen nicht von meiner Nase nehmen. Niemals werde ich dieses tiefe, verwirrende, wundervolle Gefühl vergessen.« **NATASCHA**

ERINNERUNGEN NACH DEM TOD DES ENKELS

Großeltern und ihre Trauer über einen verstorbenen Enkel werden oft vergessen. Geschwister, Mutter und Vater werden begleitet und betreut, aber auch der Schmerz der Großeltern darüber, ein Stück Zukunft verloren zu haben, ist riesengroß und teilweise kaum zu ertragen für ältere Menschen, die auch schon mit anderen gesundheitlichen Beschwerden kämpfen und sich nach dem Tod des Enkels einer extremen Belastungssituation ausgesetzt sehen. Zu der eigenen Trauer gesellt sich noch die Sorge um die Kinder und wie sie mit diesem Verlust klarkommen werden. Die Großeltern werden so wieder zu Eltern, und das ist auf lange Sicht außerordentlich belastend. Denn wer stark ist, hat keine Zeit selbst zu trauern. Erfreulicherweise gibt es in größeren Städten inzwischen auch begleitete Selbsthilfegruppen für verwaiste Großeltern.

In Erinnerungen gesprochen treffen hier zwei Welten aufeinander: die Vergangenheit, symbolisiert von den Großeltern, und die Zukunft, symbolisiert von den Enkeln.

In der Trauer um einen Enkel kann Autobiografiearbeit sehr hilfreich sein. Großeltern haben eine besondere Beziehung zu ihren Enkeln, sie können eine Seite des Lebens beschreiben, die die Eltern vielleicht nicht so erlebt haben. Diese Informationen – alle Informationen über ihre verstorbenen Kinder sind nach dem Tod unheimlich wertvoll und müssen geteilt werden. Die Großeltern können hier einen großen Beitrag zur Erinnerung leisten. Autobiografiearbeit ist wie ein Puzzlespiel. Indem die Großeltern ihr Leben rund um den Enkel herum aufschreiben – ähnlich wie ein zeitversetztes Tagebuch –, ergänzen sie die Lebensgeschichte der Eltern um einen besonderen Aspekt. Wer nicht gerne schreibt, kann sich auch mit einem Diktiergerät oder Handy aufnehmen oder die Erinnerung auf mehrere E-Mails verteilen. Beschrieben werden hier die Verbindungspunkte der Großeltern mit dem Enkel. Also beispielsweise, wo waren sie und was haben sie gemacht, als sie von der Schwangerschaft erfahren haben? Was war ihr schönstes Erlebnis? Was haben sie zum Geburtstag verschenkt? An wen hat sie der Enkel erinnert? Diese Gedanken können mit Fotos, Eintrittskarten und gemeinsamen Großeltern-Enkel-Geheimnissen wie zum Beispiel gesammelte Blätter, geheime Nachrichten, geheime Sprüche und Hobbies zu einem umfassenden Bild vervollständigt werden. Interessant wird es, wenn die Großeltern die Erzählung damit ergänzen, wie sie sich die Zukunft des Enkels vorgestellt haben.

Diese Arbeit ist nicht nur für die trauernden Eltern eine sinnvolle Erinnerung, sie macht auch den Großeltern auf positive Weise bewusst, wie viele Erlebnisse und Lebenszeit sie mit den Enkeln hatten, wie viele Entwicklungsschritte sie miterlebt haben, was sie den Enkeln beigebracht und wie viele gemeinsame Geheimnisse sie geteilt haben. Diese beschriebene Erinnerung gibt den Großeltern die Gewissheit, dass sie einen Grund haben zu trauern und dass sie ihren Enkel zumindest in ihren Erinnerungen nie mehr verlieren können, selbst wenn irgendwann das Gedächtnis nachlassen sollte.

ERINNERUNGEN NACH DEM TOD EINES GESCHWISTERS

Wenn der Tod ins Leben greift, zerstört er die Balance einer Familie. Denn ein Familiensystem ist wie ein Mobile, das unter normalen Umständen im Gleichgewicht ist und kleinere Irritationen »ausschaukeln« kann. Manche Teile sind größer, manche kleiner, andere sind an zentralen Stellen, andere sind schwerer, einige sind wichtig für das Gleichgewicht, andere sind wichtig für die Leichtigkeit. Der Tod schneidet ein Teil ab. Das bringt das ganze System ins trudeln, es hängt schief. Alle anderen Teile können sich noch so sehr anstrengen, sie werden nicht ins Gleichgewicht kommen, wenn sie sich nicht bewegen. Also werden Positionen neu zugeordnet. Das spürt man sehr stark in Geschwisterkonstellationen. Brüder und Schwestern haben durch die Reihenfolge der Geburt über Jahre ihre Rolle und ihre – nennen wir es mal – Rangordnung gefunden. Diese ordentlich über Jahre ausgefochtene Struktur gerät durch den Tod eines Geschwisterkindes völlig ins Chaos. Es dauert sehr lange, bis sich alle an die neuen Aufgaben gewöhnt haben, weil zum Beispiel das Nesthäkchen plötzlich zum Stammhalter wird oder es nur noch Jungs gibt, da die Tochter gestorben ist. Überdies machen sich die Kinder Sorgen um die Eltern oder verstehen als Kleinkinder gar nicht, was passiert. So kann es dazu kommen, dass sie ihre Trauer verschleppen und oft noch als Erwachsene mit den Geschehnissen hadern. Deshalb brauchen trauernde Geschwister viel Aufmerksamkeit und Feedback des Umfelds. Jedes Mitglied des Familiensystems wird von dem Verlust beeinflusst, selbst als kleines Kind, das noch nicht einmal sprechen oder laufen kann.

Beim Tod eines Geschwisters bleiben auch Dinge übrig, deren Bedeutung sich den Erwachsenen überhaupt nicht und den Geschwistern erst viel später erschließt. Etwa wenn das Take-That-T-Shirt der verstorbenen Tochter weggegeben wird und die andere, viel jüngere Tochter sich noch Jahre später wünscht, sie wäre gefragt worden, ob sie es haben möchte. Hier ist eine große Sensibilität und Empathie vonseiten der Erwachsenen gefragt, denn Entscheidungen, die im Affekt und aus nur einer Perspektive getroffen werden, führen schnell zu Konflikten und unverarbeiteten Gefühlen. Eine Lösung, die wir oft als gut und hilfreich miterleben, ist diese: Jedes Geschwisterkind darf sich ein Teil des verstorbenen Bruders oder der verstorbenen Schwester aussuchen und damit gemeinsam mit der Familie etwas unternehmen: umwandeln, vergraben, anmalen, behalten. Egal was dieses Erinnerungsstück konkret ist, immer steht die (konfliktfreie) Verbundenheit der Geschwister im Vordergrund.

> »Ich erinnere mich daran, wie meine Schwester in unserem Badezimmer steht, sich die Lippen rot anmalt und fast platzt vor Nervosität, bevor sie mir erzählt, dass sie sich unsterblich verliebt hat.« **POLLY**

Die Kraft der Erinnerungen zeigt sich besonders, wenn die Familie zusammen etwas Eigenes erschafft. Gemeinsam an einem Erinnerungsstück zu arbeiten, festigt den Zusammenhalt und gibt Raum für Gefühle – selbst Jahre später. Erinnerungsstücke können Gegenstände sein, etwa Armbänder für jedes Familienmitglied, die die Verbundenheit untereinander signalisieren, oder gemeinsame Aktionen, zum Beispiel sich einmal im Jahr auf die Spuren des Geschwisterkindes zu begeben, sei es nun, indem man gemeinsam das Lieblingsessen kocht und gemeinsam isst (ja, auch Nudeln mit Ketchup zählen!) oder zusammen etwas unternimmt, was an das Geschwisterkind erinnert.

ERINNERUNGEN AN STERNENKINDER

Sternenkinder sind Kinder, die still, also tot geboren werden, oder sehr kurz nach der Geburt sterben. Die ersten drei Monate einer Schwangerschaft sind von Hoffen und Bangen bestimmt, erst danach fangen die Eltern an, sich vorsichtig einzurichten. Und obwohl die Zahl der Fehlgeburten in der frühen Schwangerschaft recht hoch ist und viele Eltern betrifft, ist die Trauer darum ein Tabuthema. Stirbt das Kind zu einem späteren Zeitpunkt der Schwangerschaft, ist es lebensunfähig oder wird die Schwangerschaft abgebrochen, muss die Mutter das Kind »still« gebären. Das bedeutet, bei der Mutter werden künstlich die Wehen eingeleitet und sie muss das Kind durch eine natürliche Geburt zur Welt bringen. Wenn das Kind weniger als 600 Gramm wiegt, kann es sein, dass es nicht beigesetzt werden darf und im schlimmsten Fall einfach »entsorgt« wird. Leben die Eltern ihre Trauer aus, bringt ihnen das Umfeld oft Unverständnis entgegen. Das Kind war ja quasi nie da. Was soll man da betrauern? Ein fataler Fehler. Zwar ist jede Geburt ein Abschied des Kindes von der Mutter. Nur dass es dann normalerweise mit dem Leben weitergeht.

Wenn ein ungeborenes Kind stirbt, sterben auch die Visionen und Wünsche der Eltern. Während der Schwangerschaft, auch wenn diese nur ein paar Wochen gedauert hat, hat die Mutter nicht nur eine Bindung zu ihrem Kind, sondern natürlich auch Wünsche für ihr zukünftiges Leben mit ihrem Kind entwickelt. Jede Mutter hat eine Vision, die sie mit ihrem Kind teilt. Ein Leben, das sie sich ausmalt. Und das ist die Zukunft. Und wenn die Zukunft nicht stattfinden kann, bleibt trotzdem eine Erinnerung daran. Und die gehört ganz alleine ihr. Sie hat Erinnerungen an ihr Kind, an die Vorstellung von dem Kind, an erste Überlegungen, wie es heißen könnte und an die Bewegungen, die sie gespürt hat. Der Vater hat oft weit weniger körperliche Erinnerungen. Das bedeutet aber nicht, dass er nicht weniger betroffen und traurig ist. Auch er hat Zukunftsvisionen ausgemalt und Ängste und Hoffnungen investiert. Dennoch wird auch dem Vater oft die Trauer und die Zeit, sich damit auseinanderzusetzen nicht zugestanden, was sehr verletzend sein kann.

Manchmal sind diese Erinnerungen das einzige, was es gibt. Und oft ist mehr da, als man denkt. Ultraschallbilder kann man zum Beispiel auf Schmuckstücke oder Ringe gravieren oder von Künstlern als Gemälde umsetzen lassen. Herztöne können in das Lieblingslied der Eltern eingearbeitet werden, als Tätowierung visualisiert oder ganz künstlerisch ebenfalls als Bild übersetzt werden. Aus schon gekauften Babysachen kann ein »mapapu« oder Trostkissen genäht werden. Falls es schon ein Babykettchen gibt, kann es ebenfalls in ein Schmuckstück umgewandelt werden.

ERINNERUNGEN NACH DEM TOD DES HAUSTIERS

Unsere Haustiere sind Familienmitglieder. Sie wachsen uns ans Herz wie Kinder. Weil sie längst nicht so alt werden wie Menschen, ist der schmerzhafte Moment des Abschieds unvermeidlich. Leider muss der Mensch auch oft über das Leben des Tieres entscheiden, zum Beispiel die Entscheidung treffen, es einschläfern zu lassen, um es von seinem Leiden zu erlösen, was ganz neue Schuldgefühle auslösen kann, wenn man das Tier im Kontext als Familienmitglied betrachtet.

Wenn das Tier als Familienmitglied stirbt, stirbt auch ein Stück Alltag. Ist der Hund oder die Katze nicht mehr da, wirkt der Raum merkwürdig leer, unterhalb des Knies rührt sich nichts mehr. Das Körbchen ist kalt, niemand stupst einen an, um spazieren zu gehen, ja überhaupt – man kommt gar nicht mehr raus. Da fehlt was.

Gerade weil uns Tiere wie enge Familienangehörige umgeben, ja diese manchmal sogar ersetzen, ist es völlig gerechtfertigt und keinesfalls übertrieben, über einen längeren Zeitraum intensiv zu trauern. Es ist eben nicht »nur ein Tier«, es ist ein »Paul«, ein »Herr Schmitt«, ein »Hansi«, ein »Enzo«, eine »Julia« – ohne Zweifel ein Freund und Familienmitglied, ohne das man sich den Alltag gar nicht vorstellen kann.

Auch um Tiere hat sich in den letzten Jahren eine Bestattungsindustrie entwickelt. Es gibt Tiersärge, Tierurnen, Tierfriedhöfe, Tierkrematorien. Gut, in Ägypten gab es die Kultur, Katzen mit ihren Herrschern zu beerdigen schon ziemlich lange.
Tierbestatter bieten viele Möglichkeiten, die meist physischen Erinnerungen zu bewahren. Die kremierte Asche kann zusammen mit einem Baum am Lieblingsplatz des Tieres im Garten eingepflanzt, das Fell zu einem Diamanten gepresst, Pfotenabdrücke in Schmuckstücken verarbeitet oder aus dem Lieblingsspielzeug eine Lampe gemacht werden. Und natürlich können alle Fotos in einem Fotobuch oder aufgehängt als Mobile einen Platz finden.
Eine Hundebesitzerin hat davon gehört, dass wir Erinnerungsstücke gestalten. Das konnte sie kaum glauben. »Ihr findet wirklich immer etwas? – Na, da kommt mal mit!« Wir stiefelten in ihrem Garten in eine Ecke, in der eine alte Plastikflasche auf einen Stock gespießt war. »Das ist das Grab von meinem Lieblingshund Sally – und die Flasche war ihr absolutes Lieblingsspielzeug. Was kann man denn daraus machen?« Wir überlegten kurz und schlugen dann vor, man könnte das Plastik der Flasche ja in runde Plastikkreise zerschneiden und daraus eine kleine Lampe zusammenstecken. Diese Lampe hängt jetzt über dem Leseplatz der Dame und leuchtet sie mit einem ganz warmen Licht an. Sie schreibt uns: »Es ist, als wäre Sally da, sobald ich das Licht anknipse. So sehr ist das Plastikding mit ihr verknüpft, auch wenn es jetzt eine andere Form hat.«

»Ich erinnere mich daran, wie wir gerade aus der Dorfmetzgerei kommen und der Terriermix meiner Freundin, der zu diesem Zeitpunkt eigentlich Kilometer entfernt Zuhause warten sollte, ganz geschäftig vorbeistreunert, im Maul ein riesiges Pausenbrot, das er irgendwo gefunden hat, und uns überhaupt nicht beachtet.«

STEF

Unempfindlichere Gemüter können sich auch überlegen, ob sie das Tier oder einzelne Körperteile ausstopfen lassen und als Andenken behalten. Das ist aber eine absolute Geschmackssache. Außerdem darf man nicht vergessen, dass ein präpariertes Tier mit Glasaugen einen anderen Gesichtsausdruck hat als das »echte« Tier. Aber wem es hilft, der soll es machen. Tiere begeistern und inspirieren nicht nur ihre Besitzer, sondern viele Menschen im Umfeld. Insofern ist es auch in Ordnung, eine Trauerkarte zu verschicken, um alle Freunde ganz offiziell über den Tod des Tieres zu informieren.

ERINNERUNGEN NACH DEM TOD EINES FREUNDES

Freunde sind uns manchmal näher als die eigene Familie. Wir teilen mehr, sind freiwilliger in Kontakt und teilen oft mehr Alltag miteinander als mit der Herkunftsfamilie. Das macht den Verlust eines Freundes zu einer ebenso extremen Belastung, als wäre ein enges Familienmitglied verstorben. Da man aber kein enges Familienmitglied ist, wird man selten in die inneren Trauerprozesse der Familie integriert. Denn Freunde stehen meistens in der zweiten Reihe der Trauer. Das bedeutet, zwar nicht verwandtschaftlich betroffen, aber emotional mindestens genauso betroffen zu sein. Das erschwert die eigene Trauerarbeit – man muss sich selbst erlauben zu trauern und gleichzeitig Zeit finden, diese Trauer zu teilen und zu leben. Ein Erinnerungsstück kann hier gut helfen, die eigenen Gefühle ernstzunehmen und zu bündeln, um aus der gemeinsamen Zeit Kraft für die Zukunft zu schöpfen. Zusammenhalten statt wegtrösten ist im Übrigen auch das Credo für Freundeskreise. Freunde können sich ein familienähnliches Sozialgefüge schaffen, in dem sie ihre Trauer miteinander teilen und aushalten. Und das auch noch Monate später, wenn der Alltag längst über die Lücke wuchert, die der Freund hinterlassen hat.

Freundeskreise können sehr schnell mit der Erinnerungsarbeit anfangen. Und sie haben einen großen Vorteil – sie haben Zugriff auf viele verschiedene Lebensgeschichten mit und um den Verstorbenen. Diese zum Beispiel bei einem »Feierabend« für den Verstorbenen zu teilen und ihn dadurch noch einmal ganz neu kennenzulernen, ist eine außergewöhnliche Erfahrung, die den eigenen Horizont noch einmal erweitert. Sie gibt dem Verlust zwar keinen Sinn, verleiht aber dem gemeinsamen Leben große Bedeutung. Eine andere Möglichkeit ist, gemeinsam einen Baum zu pflanzen. Er symbolisiert etwas Neues und das Wachstum, das es weiterhin im Freundeskreis geben wird. Mit einem wandernden Erinnerungsbuch können kleinste Erinnerungssplitter und Fragmente aufgesogen und für immer festgehalten werden.

»Ich erinnere mich genau daran, dass 1954 die ganze Straße die Fußballweltmeisterschaft bei uns zu Hause geguckt hat! Mein Vater war damals der erste in der Straße, der einen Fernseher besaß, und wir erlebten alle zusammen das Wunder von Bern, das war toll!« **JENS**

Die richtige und falsche Zeit für Erinnerungen

Ein guter Zeitpunkt, konkret mit der Erinnerungsarbeit zu beginnen, ist mindestens ein Jahr nach dem Trauerfall. Davor besteht die Gefahr des »Nachlebens«: Das bedeutet, man läuft Gefahr, sich in den Erinnerungen zu verlieren und zu versuchen, den Verstorbenen festzuhalten, indem man dessen Leben kapert und »nachlebt«. Bei Wachkoma, einem länger andauernden Aufenthalt im Hospiz oder einem jahrelangen Sterbeprozess kann die Trauer bereits so weit vorangeschritten sein, dass man eventuell früher schon mit Erinnerungen arbeiten kann.

Die ideale Phase für Erinnerungsarbeit beschreibt Hans Goldbrunner in »Trauer und Beziehung« so: In der adaptiven Phase nähert sich der Trauernde wieder an die soziale Welt an, ohne dass dadurch die verstorbene Person bedeutungslos wird. Dem Trauernden wird bewusst, dass er mehr und mehr eine innere Distanz zum Verstorbenen aufbaut und den realen Verlust auch psychologisch als etwas Endgültiges annimmt. Gleichzeitig entwickelt sich die sichere Erkenntnis, dass vieles von ihm und vom gemeinsamen Erleben »internalisiert«, ins Über-Ich aufgenommen wird, wo es nicht mehr verloren gehen kann. Wir ergänzen: Und geteilt werden kann. Erinnerungsarbeit in der falschen Phase kann die Trauerarbeit verlangsamen. Wir verstehen es als Verantwortung des Erinnerungsbegleiters, den für den Trauernden richtigen Zeitpunkt zu finden und genau zu wissen, in welcher Trauerphase sich alle Beteiligten befinden. Unserer Erfahrung nach wird ein Erinnerungsstück in einem kritischen Stadium selten gewünscht, und wenn, dann gehen solche Projekte auffällig zäh voran. Man merkt das daran, wenn sich Berührungsängste zum Andenken einstellen oder wenn man vom

Verstorbenen in Gegenwartsform erzählt. Wenn man nicht sicher ist, ob man etwas falsch machen kann, lohnt sich ein Blick auf unseren Selbsttest auf Seite 40.
Erinnerungen sollen immer prozessfördernd, als Auslöser für wiederkehrende Trennungserlebnisse wirken. Also immer wieder die Distanz zwischen dem Hier und dem Damals betonen, ohne beides zu bewerten. Die Arbeit mit Erinnerungen soll »Erinnerungsstück-Altare« auflösen und die Erinnerungen in den Alltag integrieren. Erinnerungen sollen die Trauernden nicht wie Bleigewichte beschweren. Sie sollen sich eher wie ein spontaner Ausflug ins Ungewisse mit ein, zwei überraschenden Regenschauern anfühlen.
Wir sehen fünf große Gefahren, wenn man zu früh mit der Erinnerungsarbeit beginnt:

SELBSTAUFGABE UND REALITÄTSFLUCHT

Verena Kast schreibt dazu: »Akute Trauer ist ein Indiz dafür, dass die trauernde Person noch nicht sicher ist, ob mit dem realen Verlust nicht auch die seelische Repräsentanz ausgelöscht wird. Die Internalisierung von Merkmalen des Verstorbenen gleicht dessen äußeren Verlust bis zu einem gewissen Grade aus und verstärkt somit das Gefühl der inneren Bindung und der Unabhängigkeit vom Verstorbenen« (Verena Kast, Trauern, Stuttgart 2001).
Dieses Phänomen lässt den Trauernden das Leben seines Verstorbenen weiterführen. Was aktiv klingt, ist in Wirklichkeit ein Zeichen für Stillstand, für Festklammern und Nicht-wahrhaben-Wollen. Der Trauernde würde sich in jedem Erinnerungsstück, das als Prozessbegleiter gedacht ist, festkrallen.

»Ich erinnere mich daran, wie mein Vater meine Mutter über 50 Jahre lang geliebt und angehimmelt hat. Er hat bis zu seinem Tod von ihr geschwärmt.« **ELENA**

ÜBERREIZUNG

Dazu kommt, dass der Trauernde in den Anfangsphasen zu viel inneren Lärm in Form von Wut und Ohnmacht spürt, um in sich selbst hineinhören zu können. Trauer in dieser frühen Phase ist eine Überwältigung von einem zu starken Gefühl, mit dem nicht umgegangen werden kann. Besonders bei frisch traumatisierten Menschen, die auf Geräusche, Gerüche und Situationen getriggert sind, wäre es fatal, eine Zeitreise, egal in welcher Form, anzubringen.

ERINNERUNGSDRUCK

Barbara Pachl-Eberhard schreibt in ihrem autobiografischen Buch »Warum gerade du?«(München 2014), dass der Text »Die Toten leben weiter in unserer Erinnerung«, der häufig auf Beileidskarten zu lesen ist, für viele Trauernde keine große Hilfe sei. Im Gegenteil, sie fühlen sich unter Druck gesetzt und sehen sich sogar auf subtile Weise dafür verantwortlich gemacht, den Verstorbenen durch konstante Erinnerungsarbeit am Leben zu erhalten. Barbara Pachl-Eberhard nennt es »eine Art gedankliche Mund-zu-Mund-Beatmung«. In einem so frühen Stadium ist Erinnerungsarbeit eher mit Vorsicht zu genießen, wenn das Gefühl aufkommt, es könnte den Trauernden daran hindern, den eigenen Weg frei fortzusetzen, ohne allzu sehr auf die Vergangenheit zu schielen. Niemand lebt in den Erinnerungen weiter. Aber wer nicht erinnert wird, ist für immer tot.

VON DER SCHULD, ES NICHT VORHERGESEHEN ZU HABEN

In der Fantasie werden Erinnerungen überbewertet erlebt. Das führt dazu, dass unerfüllte Wünsche und Erwartungen entstehen, die noch realisierbar wären, wenn der Verstorbene noch leben würde. Weil der gemeinsame Lebensweg jetzt endgültig beendet ist, schaut man der gemeinsamen Vergangenheit wehmütig hinterher und betrauert alles, was man noch zusammen hätte machen können, während das, was im Hier und Jetzt passiert, zur Bedeutungslosigkeit zusammenschrumpft. Im Gegensatz zur trostlosen Gegenwart, in der alle Beziehungen nur sinnvoll erscheinen, solange sie die Wehmut der Vergangenheit unterstützen und nicht in die Zukunft schauen – auf Normalität bestehen –, erinnert sich der Trauernde noch einmal an die schönen gemeinsamen Stunden und erlebt sie vielleicht noch intensiver, als sie in der Realität gewesen sind. Er fühlt sich schuldig, weil er glaubt, er hätte viel mehr tun können. Er malt sich innerlich nicht mehr realisierbare Zukunftspläne aus, die er mit dem Verstorbenen hätte gemeinsam umsetzen können. Gleichzeitig lassen sich aggressive Gefühle beobachten, der Trauernde verzeiht sich nicht, diesen Schicksalsschlag nicht vorhergesehen und in weiser Voraussicht gehandelt zu haben. Bei allen Verlusten, besonders bei Suizid, steht die Schuldfrage früher oder später im Raum.

UNEINIGKEIT IN DEN ERINNERUNGEN BEI PAAREN

Erinnerungen sind ein loses Gebilde aus Fakten und Fiktion. Sie sind immer subjektiv. Es kann also passieren, dass sich zwei Trauernde über Erinnerungen an ein und denselben Menschen uneins sind. Gefährlich wird das dann, wenn sich Partner plötzlich über vermeintlich richtige und falsche Erinnerungen streiten und statt Zusammenhalt Konflikte entstehen, die das Vertrauen in die Loyalität des Partners nachhaltig zerstören. Jeder weiß aus Erfahrung, wie sehr die Erinnerungen selbst einander nahestehender Menschen an dasselbe Ereignis auseinandergehen. Aber das autobiografische Erinnern muss gar nicht die »wirklich wahre Geschichte« sein. Es ist zunächst und vor allem eine sehr persönliche, intime Sache. Es geht dabei letztlich um eine Form, die eigenen Gefühle mithilfe von Erinnerungen zu sortieren. Deshalb sind auch sich widersprechende

Erinnerungen alle auf ihre Weise wahr. Das Leben ist ein Kaleidoskop aus Perspektiven und Sichtweisen.

Dennoch: Sich zum richtigen Zeitpunkt an den Verstorbenen zu erinnern kann einen psychologisch wertvollen Teil der Trauerbewältigung darstellen und für das Verarbeiten der vorangegangen Ereignisse von großer Bedeutung sein.

> »Ich erinnere mich daran, wie sich mein Vater beim Wandern immer auf einen ganz bestimmten Stein gelegt hat. Er fand diesen Moment so schön, dass er immer gesagt hat: ›Hier könnte ich jetzt sterben.‹« **MARGRET**

Erinnerungen nach besonderen Todesfällen

SONDERFALL: JAHRELANGER ABSCHIED

Keine Regel ist ohne Ausnahme: Wir erleben oft, wie im Laufe einer langen Krankheit das gemeinsame Leben einen schleichenden Übergang ins neue Leben nimmt. Die Trauerphase beginnt dann schon vor dem eigentlichen Todeszeitpunkt, weil man sich schon über einen längeren Zeitraum vorbereiten kann, beziehungsweise der Schock nicht mit der Todesnachricht, sondern mit der Diagnose kommt, und idealerweise dazwischen noch Zeit ist, sich auszutauschen. Das bedeutet nicht, dass die Trauer weniger schmerzhaft ist, sondern dass der ganze Prozess des Abschiednehmens auf einen längeren Zeitraum verteilt ist. Dabei verändern sich Liebesbeziehungen in pflegende Beziehungen, Kinder übernehmen zum Beispiel die Rollen der Eltern und das ganze Leben zentriert sich einen ganzen Lebensabschnitt lang um den Sterbenden. Insofern befinden sich die Trauernden beim Todeszeitpunkt eventuell schon in einer weiter fortgeschrittenen Trauer, in der sie sich neu orientieren und bereit sind, mit ihren Erlebnissen und Gedanken zu arbeiten, ohne in eine Schockstarre ob der vielen Informationen zu fallen. Das kann von Trauerndem zu Trauerndem unterschiedlich sein. Wir beobachten jedenfalls die Entwicklung, dass Erinnerungsstücke hier weit früher möglich sind als bei spontanen Todesfällen.

SUIZID

Muss schon bei einem natürlichen Tod der Schock überwunden werden, um in die Trauer gehen zu können, stehen bei Suizid zusätzlich viele Fragen im Raum, die den Weg in die eigene Trauer blockieren, allen voran die Schuldfrage: Hätte ich etwas bemerken müssen? Hätte ich das verhindern können? Dieses Gefühlschaos muss erst geordnet werden, der Trauernde muss irgendwo in diesem Chaos seinen Frieden finden, die Suche nach dem Wie und Warum und dem Sinn beenden, bevor er sich daran machen kann, Kraft aus Erinnerungen zu ziehen. Nach Suizid oder Gewaltverbrechen ist eine Trauerbegleitung oder psychologische Begleitung immer sinnvoll. Erinnerungsarbeit kann erst sehr viel später stattfinden, frühestens nach zwei bis fünf Jahren. Eine kreative Form der Trauerbegleitung jedoch kann den Zugang zu den Gefühlen enorm beschleunigen.

GEWALTVERBRECHEN

Auch hier steht die Erinnerungsarbeit erst einmal an zweiter Stelle. Der Trauernde steht unter Schock, muss begreifen und es dann schaffen, überhaupt in das Stadium der Trauer zu kommen. Das alleine ist schon sehr energieraubend und geschieht sinnvollerweise mithilfe einer kompetenten psychologischen Traumabegleitung, die sich den Fragen und der Gefühlswelt des Trauernden annimmt.

Gerade bei Mischungen aus Gewaltverbrechen, Suizid und Unfalltod ist eine begleitete Erinnerungsarbeit überlebenswichtig.

PLÖTZLICHER UNFALLTOD

In dieser extremen Belastungssituation muss ebenfalls erst einmal der Schock überwunden und begriffen werden, was gerade passiert ist. Erinnerungsarbeiten können hier aber helfen, den Sinn im viel zu kurzen Leben zu erkennen, besonders Gemeinschaftsarbeiten wie wandernde Erinnerungsbücher oder gesammelte Facebook-Timelines können ein Meilenstein in der Trauerarbeit bedeuten.

MÖRDER UND KRIMINELLE

Darf man sich an seinen Verstorbenen erinnern, wenn er andere Menschen umgebracht hat? Auch ein Mörder ist ein Kind und jede Mutter und jeder Vater haben ein Recht auf Trauer. Die ist aber sehr schwierig, weil der Austausch unter Freunden und Verwandten nicht stattfinden kann, weil ein »schwarzes Schaf« in der Familie oft weggeschwiegen wird. Dennoch ist es auch für die Familie, die ja in einem Trauerprozess ist, wichtig, mit ihren Erinnerungen zu arbeiten, auch wenn es schlechte Erinnerungen sind.

> »Ich erinnere mich an meinen Vater. Er war Imker und immer ganz glücklich, wenn er mit seinen Bienen zusammen war. Er hat immer gesagt: ›Desto mehr Bienen einen stechen, desto immuner wird man.‹« **MAGRET**

Was machen wir mit dem Monster im Kopf?

Wie ist das mit den schlimmen Erinnerungen, werden wir oft gefragt. Soll man ihnen nun eine Bühne geben, auch wenn es sich schmerzhaft anfühlt, oder soll man sich vor ihnen schützen?
Aus der Psychotherapie gibt es in diesem Zusammenhang eine klare Ansage: Sigmund Freud entwickelte das Konzept des »Wiederholungszwanges«. Er verstand darunter die Tendenz eines Menschen, immer wieder zu den Erinnerungen zurückzukehren, die negativ besetzt sind. Einen Grund dafür sah er darin, dass wir die ungelösten Konflikte, Enttäuschungen und nicht erreichten Ziele weiter »bearbeiten« wollen: Immer wieder versuchen wir, auch weit zurückliegende Verletzungen und Niederlagen aufzuarbeiten und sie vielleicht doch noch zu überwinden oder wenigstens so zu interpretieren, dass wir damit leben können und sie uns nicht weiter behindern. Diesen Faden nehmen heute vor allem die Psychologen auf, die sich der Analyse der »Lebenserzählungen« in der Narrativen Psychologie widmen. Weil die selbstdefinierten Erinnerungen unsere Identität und unser Selbstbild sehr stark bestimmen und wie ein roter Faden eine Kontinuität in unserer Lebenserzählung erzeugen, lohnt es sich, sich bewusst und gezielt mit dem eigenen »Album« an Erinnerungen auseinanderzusetzen – auch mit den weniger schönen. Alles, was wir erlebt haben, prägt sich uns ein. Die Fähigkeit des Erinnerns erlaubt uns, mit zeitlichem und emotionalem Abstand noch einmal auf uns selbst in einem Geschehen zu schauen. Es liegen unendliche Möglichkeiten der Erkenntnis darin verborgen. Was wir wirklich haben, ist Erinnerung. Was wir daraus machen, liegt bei uns.
In der Trauer ist es wichtig, sich nicht nur der Harmonie hinzugeben, sondern auch über traumatische Erlebnisse, Wut und Konflikte zu sprechen. Dieser Prozess muss begleitet werden. Es sollte jemand

da sein, am besten eine dafür ausgebildete Begleitung, mit dem man über bedrohliche Bilder sprechen kann.
Ob ein kreatives Erinnerungsstück für schlechte Erinnerungen geeignet ist, bleibt der Situation überlassen. Zunächst muss klar definiert werden, was genau eine schlimme Erinnerung ist. Fotos von der Beerdigung, an die man sich ungern erinnert, sind eine unschöne Erinnerung, die aber oft einen Platz im Erinnerungsstück findet, weil die Beerdigung gleichzeitig als wichtiges Ereignis wahrgenommen wird. Fotos des psychisch kranken Vaters, der die Mutter jahrelang verprügelt hat, gehören natürlich nicht in ein Erinnerungsstück, das Kraft spenden soll. Ein Foto des verbeulten Fahrrads, mit dem das eigene Kind verunglückt ist, kann – verantwortungsvoll platziert – einen sinnvollen Platz im Erinnerungsstück bekommen.

> »Der Leichenschmaus (fürchterliches Wort) meiner Tante, die früh an Krebs verstarb. Ich war wahrscheinlich noch kein Teenager, weiß nicht mehr genau. Das war auf jeden Fall meine erste Trauerfeier und es war total befremdlich, dass alle Leute fröhlich waren, lachten, redeten, gute Laune zu haben schienen. Ich empfand das damals als sehr unpassend. Heute ist mir klar, dass Abschiednehmen nicht ausschließlich in Trauer erfolgen muss.«
> **SIMON**

Ein Erinnerungsstück kann die schlimmen Erinnerungen in sich vereinen. Man kann es dann vergraben, um die Erinnerungen einfach loszuwerden. Vielleicht stärkt der Trauerprozess aber auch so weit, dass man in der Lage ist, etwa ein Album mit schlimmen Erinnerungen zu besitzen und sich von Zeit zu Zeit damit auseinanderzusetzen. Die Dauer, die Art der Trauer und sogar das Gelingen der Trauer hängen in jedem Fall davon ab, in welcher Weise die Konflikte zwischen Angehörigen und Verstorbenen stattgefunden haben.

Schuldgefühle sind wesentlich geringer, wenn die Kommunikation zwischen beiden gut war, richtig Abschied genommen wurde und Probleme noch miteinander besprochen werden konnten. Wenn die Schuldgefühle nicht zu stark sind, dehnt sich die Trauerperiode auch nicht unbegrenzt aus. Wer allerdings die Probleme mit dem Verstorbenen vor dessen Tod nicht aufarbeiten kann, der wird sich nachher mit seinen Schuldgefühlen herumschlagen müssen, mit seinen Aggressionen dem Verstorbenen gegenüber, die nach dem Tod seltsam ins Leere gehen.

Schlechte Erinnerungen sind hartnäckig und bleiben an unserem geistigen Auge kleben wie alter Kaugummi. Sie ploppen einfach auf und werfen uns mit ungeheurer Kraft aus der Bahn oder halten uns nächtelang wach. Völlig sinnlos, der Versuch an etwas anderes zu denken. Und trotzdem gibt es ein bisschen Hilfe: Innere Bilder lassen sich zwar nicht »überschreiben«, aber »überdecken«: Kommt ein schlimmes Erinnerungsbild, ruft man sich sofort ein schönes Erinnerungsbild vor Augen und schiebt dieses ganz bewusst von links nach rechts vor das schreckliche Bild. Das gute Bild ist weder transparent noch sonstwie empfindlich. Es ist genauso groß oder sogar größer als das schlimme Bild. Es steht einfach davor und überdeckt es, solange der Trauernde das möchte. Geht das Bild verloren, schiebt man einfach wieder ein anderes schönes Bild davor. So überlistet man das eigene Gehirn und nimmt den schlimmen Erinnerungen die Strahlkraft, ohne deren Existenz zu verleugnen. Sie sind da, sie dürfen da bleiben, aber sie scheinen nicht so hell wie die guten Erinnerungen.

Keine Erinnerungen: Und wenn da einfach nichts ist?

Was machen wir, wenn keine gemeinsamen Erinnerungen da sind, wenn die gemeinsame Zeit einfach zu kurz war? Bei ganz frischen Partnerschaften und bei Sternenkindern ist oft die Angst da, nichts zu haben, weil scheinbar einfach noch nichts da war. Klar ist, dass es hier nicht um Gegenstände geht. Wo Gefühle sind, da gibt es auch Erinnerungen. In einer nur kurz dauernden Partnerschaft haben sich wahrscheinlich noch keine Erinnerungsstücke angesammelt, aber dafür viele Erlebnisse, die konserviert werden können. Zum Beispiel als Stadtplan, der die ersten Dates mit den emotionalsten Erlebnissen des Abends zeigt. Oder die Verbundenheit zu dem gemeinsam gehörten Song, als Schallwelle tätowiert oder in ein Schmuckstück geprägt. Das erste und einzige Date als Miniaturlandschaft in einem Einmachglas festgehalten. Übrigens kann es sich im ersten Schock so anfühlen, als seien die Erinnerungen weg. Nach kurzer Zeit kommen sie aber wieder.

> »Ich erinnere mich daran, wie ich als Kind mit meiner Mutter auf dem Sofa liege und sie mir gedankenverloren und liebevoll den Kopf streichelt, und ich Gänsehaut bis in die Kniekehlen bekomme vor Glück.« **ANNA**

Ähnlich, wenn auch nicht vergleichbar, geht es Frauen, die ein Sternenkind still zur Welt gebracht haben oder deren Baby früh nach der Geburt verstorben ist. Hier geht es oft zunächst um die Erkenntnis, dass das Kind wirklich da war. Das Umfeld sieht das ja ganz oft anders. Daher ist der erste Schritt oft eine Geburtsurkunde, quasi der Beweis der Existenz und Daseinsberechtigung des Kindes. Danach wird es oft komplizierter – das Kind hat zwar noch keine

eigenen Erinnerungsdinge, dafür aber die Mutter zum Beispiel das T-Shirt, das sie zur Geburt anhatte, das Ultraschallbild oder einen Traum, in dem das Baby vorkommt.

Es ist also fast nie der Fall, dass es wirklich gar keine Erinnerungen gibt. Selbst das Kind, dessen Vater die Familie verlässt, hat ein Bild im Kopf, einen Geruch, eine Farbe, eine Geste, die sich in ein Erinnerungsstück einfassen lässt.

Eine gute Möglichkeit, vergessenen Erinnerungen auf die Spur zu kommen, sind neben visuellen Reizen wie Fotos und Dias meditative Methoden wie eine Klangreise. Lege dich bequem auf den Boden und entspanne mit tiefen, bewussten Atemzügen bei ruhiger Musik. Bewährt haben sich hier klassische Stücke, aber auch Entspannungsmusik, wie man sie aus dem Yoga kennt. Jede Musik ist gut, wenn sie nicht aggressiv, aufregend oder verängstigend ist. Dann beginne mit geschlossenen Augen, die inneren Bilder, die zur Musik entstehen, zu betrachten. Hör dir drei unterschiedliche Stücke an. Diese Bilder, »Landkarten des Ichs« sind äußerst spannend und entlocken dem Gehirn oft ganz tief vergrabene Erinnerungen.

Weinen nicht vergessen

Nicht selten kommen Trauernde zu uns mit der so oder anders formulierten Bitte: »Machen Sie die Trauer weg.« Sie fühlen sich schlecht, weil sie den ganzen Tag nur weinen, das würde ja nicht vorangehen. Offensichtlich haben Tränen in unserem Leben keinen Platz. Tränen müssen »weggetröstet« werden, man sieht das schon bei kleinen Kindern, die ihre Tränen gegen ein Stückchen Schokolade eintauschen. Dabei ist das hemmungslose Weinen mit all seinem Schluchzen, dem Kontrollverlust und der Nässe ein großartiges Mittel gegen das Erstarren im Trauerschmerz. Ein Weinanfall mag peinlich berühren, doch er hat etwas Reinigendes, Erfrischendes und Klärendes. Man kann die Trauer damit natürlich nicht »wegmachen«, aber man kann einen Kloß im Hals wegweinen. Und dieses Weinen ist eine klärende Reinigung. Wie ein Wasserfall springen die Gefühle aus dem eigenen Gesicht, egal, wo man gerade ist. Weinen kann schmerzhaft sein, anstrengend und auszehrend. Und wie bei einem Gewitter kann nach dem Weinen auch wieder die Sonne durch die Wolken blitzen. Nach Regen folgt Sonne folgt Regen. Tränen bedeuten nicht, dass man damit das Weinen hinter sich hat, sie schwemmen nur den ganzen Gefühlswust heraus. Und das macht

Weinen zu einem sehr guten Werkzeug in der Trauerarbeit. Eine Klientin von uns, die ihr Kind betrauert, nutzt es sogar ganz gezielt: Wenn Sie einen wichtigen Termin hat, schaut sie sich davor einen herzzerreißenden Krebskinderfilm an und heult 90 Minuten Rotz und Wasser. Danach sei sie klar im Kopf und sortiert, erzählt sie, und könne den Tag gut hinter sich bringen.

Nicht jeder kann gleich gut weinen und auch nicht jeder muss weinen. Das ist so individuell wie die Trauer selbst. Aber nicht zu weinen, obwohl der Körper es möchte, macht die Trauer komplizierter: Jede Träne, die jetzt nicht geweint wird, hängt sich hintendran. Das bedeutet nicht, dass Trauernde jede Minute in Tränen ausbrechen müssen, aber es spricht überhaupt nichts dagegen und ist sogar hilfreich, das Weinen zu zelebrieren, indem man sich von den Erinnerungen berühren lässt. Zum Beispiel beim Durchlesen der Beileidskarten oder der täglich ganz bewusst gepflegten Erinnerungen an den Verstorbenen. In manchen Kulturen gibt es die Klageweiber, die den Verstorbenen beweinen und so das richtige Setting für die eigenen Tränen bereiten. Egal wie, Weinen tut gut und es gibt keinen Grund, sich Tränen zu verbieten.
Eine Ausnahme gibt es natürlich: Wenn man sich in den Tränen verliert und damit den Kontakt zur Außenwelt kappt. Das passiert oft, wenn man die eigenen Weinkrämpfe hinter den Händen versteckt und immer mehr in sich zusammensackt, ja fast »verschwindet«. Beim Weinen gilt das Prinzip der offenen Augen: Die Augen bleiben offen, die Tränen springen heraus, wir als Trauernde bleiben im Hier und Jetzt.

»Wie ich mit meiner Mutter Flusskiesel so anmale, dass sie wie Marienkäfer aussehen. Die von meiner Mutter waren voll schön, meine eher irgendwie degeneriert, aber bewundert wurden sie alle.« **MATTHIAS**

Das Tränenbild

A) Bitte denke jetzt – auch wenn es wehtut – an jemanden, den du liebst, aber verloren hast und wie schön es wäre, wenn er jetzt hier wäre.

B) Weine die Tränen und lass deine Tränen auf diese Seite tropfen.

C) Lass sie einfach tropfen, da wo sie hinfallen (das kann ein einziger Tropfen oder ein Regen aus Sehnsucht sein).

D) Wenn du willst, schau nach einer Weile nach, ob du etwas in den Tränen erkennst – eine Form, eine Spiegelung oder vielleicht eine Figur. Versuche sie zu finden, auch wenn sie gar nicht da ist.

E) Male die Formen der Tränen mit bunten Stiften oder einem Kugelschreiber nach.

F) Schreibe auf, was dir im ersten Moment dazu einfällt. Trenne die Seite heraus oder lege das Buch jetzt weg und finde dieses Bild irgend wann zufällig wieder, dann, wenn du es möchtest! Das ist für dich und es ist also alles genau richtig so, wie du es machst.

Erinnerungen in Form bringen

Erinnerungen brauchen Mut

Erinnerungen brauchen Mut. Nicht jeder traut sich, mit Trauernden über das »heikle« Thema zu sprechen. Insbesondere, wenn die schwierige Zeit schon vorbei ist, möchte man »nicht unnötig in Wunden« herumstochern. Erinnerungen funktionieren aber am besten durch Austausch. Es drückt Wertschätzung gegenüber dem Verstorbenen aus, auch nach Jahren noch in Erinnerungen zu schwelgen. Das kann positive gesundheitliche Effekte haben und das Leben nach der Trauer beflügeln. Der Mut, Dinge ehrlich anzusprechen, wird also mehr als belohnt.

Es ist erlaubt, über die Toten zu sprechen. Man darf gut über sie sprechen, auch kritisch, auch mal wütend und vor allem darf man mit und über gemeinsame Erlebnisse lachen. Die Toten dürfen ihren Platz in unserer Mitte behalten. Auch wenn sie nicht mehr am Leben teilnehmen, haben sie uns doch dahin gebracht, wo wir jetzt sind. Sie schenken uns Inspiration, Lebenserfahrung und Gefühlstiefe und damit die Freiheit, zu leben wie wir sind.

Niemand muss seinen Toten aufgeben, im Gegenteil: Es ist befreiend zu hören, dass man seine Verstorbenen nicht chirurgisch aus seiner Lebensgeschichte entfernen muss. Das Behalten der Toten muss in unsere Kultur integriert werden, nicht das Loslassen und »Drüberleben«. Ein Weg zu dieser Veränderung ist, mit Familienmitgliedern, Verwandten, Freunden, Nachbarn, Kollegen und allen, die den oder die Verstorbene kannten, offen zu sprechen.

»Ich erinnere mich daran, als ich im Krankenhaus am Bett meines Vaters stand mit schwangerem dicken Bauch, er seine Hand auf meinen Bauch legte und mich dabei lange ansah. Das werde ich nie vergessen. Das war wunderschön.« **KATHRIN**

Wichtig ist, zu bedenken, dass Frauen und Männer anders trauern. Es ist erlaubt, anders als sein Partner zu agieren und zu reagieren! Es kann sein, dass Frauen eher ihre Umgebung miteinbeziehen und reden und Erinnerungen teilen möchten, während Männer lieber alles mit sich selbst ausmachen und sehr viel Sport machen wollen. Der umgekehrte Fall ist auch möglich, doch wir spüren aktuell die Tendenz, dass eher Frauen Erinnerungsarbeit machen, aber das ist wissenschaftlich nicht belegt.

Erinnerungsarbeit macht kreativ

Muss man kreativ sein, um diese Erinnerungsarbeit zu machen? Die Antwort ist, nein, man muss ein Mensch sein und Gefühle haben. Kreativität ist ein großes Wort, das manche beflügelt und bei anderen Leistungsdruck auslöst. In der Erinnerungsarbeit ist die Arbeit mit der Fantasie einfach nur ein Werkzeug, das einen Zugang zu den eigenen Erlebnissen und Gefühlen erlaubt. Und das so unanstrengend, dass der Trauernde es fast gar nicht merkt, welche Erinnerungsleistung er gerade vollbringt. Kreativ zu sein in einer Umgebung, in der es nicht um Bewertungen geht, sondern ausschließlich darum, den aktuellen eigenen Zustand auszudrücken, macht Spaß und beflügelt. In der Trauerarbeit finden viele Menschen zu einem kreativen Hobby, weil sie diese Art von emotionaler Ausdrucksweise ohne Druck kennenlernen und gleichzeitig erleben, wie befreiend das sein kann.

Kreativität meint hier nicht, ein Bild fotorealistisch nachzuzeichnen. Kreativität bedeutet, Mensch zu sein und ein Gefühl zu entwickeln für die eigenen Empfindungen. Kreativität ist, wenn ein Klient mitten im Trauercoaching vom Stuhl aufsteht, um sich auf den Boden zu legen, und sagt, es »zieht mich zum Boden und es tut gut, dem einfach mal nachzugeben«. Kreativität ist auch, eine Stunde lang nichts zu sagen, sondern Farbbeutel an die Wand zu schmeißen. Steine wie die eigenen Familienmitglieder anzuordnen. Zu singen, zu schreien, zu tanzen, zu brummen, auf ein Kissen einzuschlagen, stundenlang kleine Kraniche zu falten oder eine Kerze so zu bekleben, dass man nur selbst erkennt, was es zeigt. Auf einem Klavier eine Stunde lang den gleichen Ton anzuschlagen, weil es der Ton der aktuellen Lebenslage ist.

Eine Mutter arbeite stark an ihrer Trauer um ihren Sohn, indem sie schrieb. Seiten um Seiten, und eines Tages schrieb sie ein Gedicht in Form eines Akrostichons. Das bedeutet, sie schrieb zu jedem Buchstaben des Namens ihres verstorbenen Sohnes eine Gedichtzeile. So konnte man das Gedicht Zeile für Zeile lesen, und die ersten Buchstaben jeder Zeile ergaben senkrecht gelesen den Namen ihres Sohnes. Das war ihr eigenes Werk. Sie kam zu uns, weil wir dafür eine Form finden sollten. Eine Form, welche die Bedeutung des Inhalts trägt und die gleichzeitig niemanden damit erschlägt. Eine Form, die veränderlich ist, genau wie ihre Trauer. Wir machten aus dem Gedicht einen Papercut, schnitten also alle Buchstaben aus dem Papier heraus – Symbol für das Kind, das vom Tod für immer aus ihrem Leben geschnitten wurde. Und fixierten den Papercut auf einem anderen weißen Papier, sodass das Gedicht je nach Lichtverhältnis einen anderen Schatten wirft. Sie kann diesen Hintergrund auch tauschen, wenn sie möchte.

Kreativität ist der Mut, das zu machen, was einem jetzt gerade guttut, dem Herzen zuzuhören und neue Formen und Farben dafür zu finden. Regeln zu brechen und Dinge anders zu machen, als man sie das ganze Leben lang gemacht hat.
Für Erinnerungen muss man nicht kreativ werden. Jeder Mensch ist es schon.

Und das ist, genau wie das Weinen, eine wichtige Fähigkeit in der Trauer. Zum einen hilft Kreativität, das eigene Leben neu zu gestalten und neue, dunkle, steinige und unbefestigte Wege durch die Trauer zu finden. Zum anderen macht Kreativität glücklich. Es macht glücklich, ein Erinnerungsbuch zu machen. Denn man hat etwas getan und das, was da passiert ist, hat einen Mehrwert, der in nichts aufzuwiegen ist. Als Trauernder versinkt man ein paar Stunden in dieser Arbeit und ist danach stolz und fast ein bisschen glücklich. Die Erinnerungen flattern um einen herum und man schafft Ordnung in einer so chaotischen Phase des Lebens. Nicht nur

gedanklich, sondern auch ganz handgreiflich Ordnung zu schaffen, sei es mit einem Album, Bild oder Erinnerungsgarten, räumt auf und nimmt der Trauer für einen Moment das Grau.

> »Ich erinnere mich an eine Nacht in Finnland überm Polarkreis, wo die Sonne nicht unterging und wir durchgemacht haben am See! Und später haben uns Rentiere geweckt.« **TERESA**

Die vielen Formen der Erinnerungen

Wie kann man sich die Erinnerungen bewahren, ja mit ihnen arbeiten, auch wenn man alleine ist? Wie kann man diesen ganzen komplexen Gefühls- und Erlebniswust in eine Form packen, die der Bedeutung ihres Inhalts gerecht wird? Wir zeigen hier vier Formen von Erinnerungen:

REALE ERINNERUNGSSTÜCKE: TROPHÄEN

Darunter verstehen wir alles, was eins zu eins vom Verstorbenen übernommen wird und dadurch mit Sinn aufgeladen wurde. Der Verstorbene soll in dem Erinnerungsstück »gespeichert« werden. Vor allem körperliche, vergängliche Erinnerungsstücke sind sehr beliebt, damit man den Verstorbenen »bei sich haben kann«. Ein populäres Beispiel dafür ist der Fingerabdruck, der am Totenbett abgenommen wird, und als Anhänger aus Silber gegossen werden kann.
Etwas Reales wird in einer ansprechenden, alltagstauglichen Form haltbar gemacht. Eine weitere Möglichkeit sind kleine Aschekapseln, in der ein bisschen der Asche zuhause aufbewahrt werden darf oder als Anhänger bei sich getragen werden kann. Eine weitere Form ist die Totenmaske, die den letzten Gesichtsausdruck festhält. Oder

ein Ultraschallbild des Sternkindes, das in Ölfarbe verewigt wird. Der Handabdruck auf dem Grabstein oder die Asche, zu einem Diamanten gepresst, sind Teile, sind Trophäen von dem Verstorbenen, die greifbar sind und etwas Vergängliches vor dem Verlorengehen bewahren.

Auch die Bestattungsfotografie gehört in diese Kategorie, sie dokumentiert den Ablauf der Trauerfeier und oft auch die Auflösung der Wohnung als Zerfallsprozess. Natürlich möchte nicht jeder in der Verletzlichkeit der Trauer fotografiert werden. Und es ist wirklich auch nach Jahren noch schwer, Fotografien von aufgebahrten Verstorbenen anzuschauen. Gleichzeitig zeigen die Bilder von Beerdigungen eines immer ganz deutlich: Die Stärke und den Zusammenhalt der Menschen in ihrer Trauer.

Die fotografische Arbeit an der Bestattung gibt der Feier die Würde eines Lebensereignisses, das man auch im Fotoalbum bewahren kann, weil es Teil des Lebens ist. Hier ist – ähnlich wie bei dem anderen großen Lebensereignis Hochzeit – aber auch die Wahl des Fotografen entscheidend. Es gibt inzwischen sehr gute und erfahrene Trauerfotografen, die das Talent haben, sich nahezu »unsichtbar« machen zu können, und ein Auge für emotionale Bilder haben, ohne die Trauergäste bloßzustellen. Zur Sicherheit sollte man aber die Trauergäste vorher darüber informieren, dass fotografiert wird.

Einige Trauerfotografen bieten an, die Wohnung des Verstorbenen zu dokumentieren. Wer kann, sollte das in Anspruch nehmen, es ist eine wichtige Erinnerung die viel über die Verstorbenen preisgibt. Nichts ist so persönlich und erinnerungsstiftend wie Routine: »Wie die Mutti immer die Handtücher gefaltet hat« oder »die Porzellankätzchen, die sie immer gesammelt und auf der Fensterbank arrangiert hat« und »jeden Donnerstag kam ihre Freundin und hat ihr die Locken eingedreht – mit diesen uralten Lockenwicklern.«

SPRECHENDE ERINNERUNGSSTÜCKE: ZEITREISEN

Zeitreisen sind Erinnerungsstücke, die vom Leben erzählen, Dinge, die mit der Energie des Verstorbenen aufgeladen wurden. Dazu gehören die klassisch erzählten Erinnerungen, die Anekdoten, die biografischen Erlebnisse und Besitztümer des Verstorbenen. Kleidung, Fotos oder Tagebücher gibt es in dieser Form hunderttausendfach, aber jedes Stück ist ein Unikat. Noch stärker als Trophäen sind sie in der Lage, Erinnerungen zum Leben zu erwecken und mit ihnen die Lebenskraft, die in diesen Erinnerungen steckt.

Eine junge Frau wollte unbedingt ein Andenken von ihrem verstorbenen Schwiegervater haben, weil sie fast 20 gemeinsame Lebensjahre eng und liebevoll verbunden waren. Sie bat ihre Schwiegermutter darum, ihr einen Gegenstand vom Schwiegervater zu schenken, den die Schwiegermutter entbehren kann. Sie bekam die alte Stimmgabel des Schwiegervaters, oft benutzt und sehr geliebt, weil der Mann sehr musikalisch war. Für die junge Frau war das wie ein Schatz, sie liebte diese Stimmgabel sehr und wollte sie so gerne immer bei sich tragen, hatte aber auch Angst, sie einfach zu verlieren. Also haben wir mit ihr zusammen daraus eine in Silber gefasste Kette mit der Stimmgabel als Anhänger gemacht. So kann sie diese tragen, wenn ihr danach ist, sie kann das »A« anschlagen, sie kann den Schwiegervater an bestimmten Tagen mitnehmen – wenn sie das gerne möchte.

Erinnerungsstücke bergen aber auch Tücken: Jeder kennt die vorwurfsvoll schauenden Kisten voller Fotos aus früheren Zeiten, die man hat, mit denen man aber nichts macht und auf denen man die Hälfte der verwandtschaftlichen Gesichter nicht mehr zuordnen kann. Gleiches gilt für den vererbten Pullover, der ein absolutes Lieblingsstück der Mutter war, aber die Tochter findet ihn unter modischen Gesichtspunkten einfach nur schrecklich. Oder der

Vater, der die Herztöne seines ungeborenen Kindes in den 80er-Jahren mit seinem tragbaren Kassettenrecorder aufnimmt. Das Kind stirbt einige Jahre später, aber die Herztöne des Kindes, der Moment der Aufnahme sind für immer konserviert, zehn Sekunden Zukunft, auf knackender Kassette. Diese Erinnerungsstücke sind an sich schon stark, senden aber auch noch viele andere Signale. Zum Beispiel das Schuldbewusstsein, dem Menschen, der in dem Erinnerungsstück steckt, nicht gerecht zu werden. Oder man hat sich weiterentwickelt und diese Dinge, auch weil sie unentfernbar aus dem eigenen Leben sind, ankern einen noch an diesen Schicksalstag.

In diesen Fällen ist es wichtig, die richtige Form für die Erinnerung zu finden. Manche Erinnerungsstücke stecken quasi im falschen Körper und möchten befreit werden. Dann wird aus der Kiste Fotos ein Fotobuch, der Pullover wird zu einem Schal umgestrickt und von diesem Moment an heiß geliebt, und die Herztöne lässt sich die Mutter als Frequenz auf die Haut tätowieren. So werden die Erinnerungsstücke zu einem Begleiter, einem Schutzengel und einem Teil von einem selbst. Genauso wie der Verstorbene es ja auch ist.
Zu dieser Gruppe von Erinnerungsstücken gehört übrigens auch der Grab- und Gedenkstein – wenn man ihn lässt. Den richtigen Steinmetz zu finden und gemeinsam mit ihm den Gedenkstein zu entwickeln, kann ein Prozess sein, der über Jahre geht, und der –wenn er intensiv gelebt wird – befreiende und erfüllende Wirkung hat. Die Form ist vom Friedhofsträger streng vorgegeben. Die Kunst ist es, diesen Stein mithilfe von Symbolen rund um die verstorbene Person so aufzuladen, dass er tatsächlich zum Gedenk-Stein wird und nicht als Infotafel versackt.

> »Meine Lieblingserinnerung ist, wenn sich meine Mutter freut, wie ein Seehund in die Hände klatscht und ›Sapalott‹ ruft.« **MADITA**

GEMEINSAM ERINNERN – FEIERN

Erinnerungsfeiern sind, obwohl sie im Hier und Jetzt stattfinden, eine Brücke in die Vergangenheit des verstorbenen Menschen. Diese Feiern – nach ein paar Monaten, einem Jahr oder an einem besonderen Anlass – können für ein paar Stunden die Trennung überbrücken und den Verstorbenen unter den Lebenden aufleben lassen. Diese Erinnerungen leben von dem Wunsch, die Kontrolle wiederzuerlangen und gegen das Vergessen zu kämpfen. Alle, die mitfeiern, tauschen ihre Erinnerungen aus und denken gemeinsam an den Toten. Oft sind es Jahrestage oder Gedenkfeiern, aber auch schon die Trauerfeier gehört zu einem solchen Erinnerungsevent, weil viele Menschen aus einem einzigen Grund zusammenkommen: um sich ein paar Stunden voll und ganz auf das Leben des Verstorbenen einzulassen. Zusammen etwas Besonderes zu machen, zum Beispiel den Lieblingskuchen des Verstorbenen zu backen, kann die Gemeinschaft stärken, es ist eine Wohltat für die Seele. Mit anderen zusammen zu sein und für ein paar Stunden die oft gefühlte Einsamkeit der Trauer zu durchbrechen, hat eine heilsame Wirkung und vermag für einige Stunden die innere Leere zu füllen. So eine Gemeinschaft der Hinterbliebenen ist eine überlebenswichtige Stütze bei Todesfällen. Gerade bei unfassbaren Katastrophen entsteht durch den gemeinsam erlittenen und erinnerten Verlust auch untereinander Fremden – oder zumindest nicht Verwandten – eine Verbundenheit, die die Trauer für einen Moment aufleuchten lässt. Dies kann man besonders schön am Beispiel des Dia de los Muertas in Mexiko beobachten. Statt stiller Ahnenandacht werden die Verstorbenen symbolisch ins eigene Haus eingeladen, es wird gefeiert, erinnert und gemeinsam gegessen. Der Tod ist im Haus, ja, aber er wird ironisch überzeichnet. Für diese Tage nehmen ihm die Lebenden den Ernst.

Auch Jahrestage, Geburtstage der Verstorbenen und Feiertage gehören zu dieser Form der Erinnerungsstücke. Diese Tage können sehr belastend sein, deshalb ist es wichtig und hilfreich, sie genau zu durchdenken. Wie will ich diesen Tag verbringen? Wer soll mich begleiten? Was möchte ich gerne machen? Bei Festtagen voller Traditionen wie Weihnachten ist es gut, eine neue Tradition zu begründen, indem man zum Beispiel an einem anderen Ort oder in einer anderen Weise feiert. Trotzdem ist es wichtig, wenigstens ein Ritual aus der alten Tradition zu belassen.

Wie das aussehen kann, zeigt zum Beispiel die Geschichte einer jungen Frau, deren Vater im Sommer gestorben ist. Sie fürchtete sich vor dem anstehenden Weihnachtsfest, weil Weihnachten sein Ein und Alles war. Alle Familienmitglieder sind zum Vater gereist und dann wurde richtig klassisch Weihnachten gefeiert. Was sollte sie also tun? Sie wollte das Gefühl und die Erinnerung von Weihnachten bewahren, wollte das Fest aber nicht ohne ihren Vater »nachspielen«, das kam ihr deprimierend vor. Da sie gerade frisch umgezogen war, sah sie ihre neue Wohnung als »neutrales Terrain« und beschloss, dort Weihnachten zu feiern. Ganz anders – es gab einen anderen Baum, anderes Essen, eine andere Essen-Geschenke-Nachtisch-Reihenfolge. Und doch war es auch eine Hommage an den Vater: Es gab natürlich seinen selbstgemachten Schnaps, mit dem explizit auf ihn angestoßen wurde. Der Vater saß gefühlt mit am Tisch und wurde danach auch wieder »ausquartiert«.

Wie genau das aussehen kann, ist Sache der Familie und der Angehörigen. Es ist jedoch wichtig, diese Jahres- und Festtage mit einer Mischung aus Trauer und positiven Erinnerungen zu begehen, die allen guttut und den Verstorbenen auf seine ganz spezielle Weise mit all seinen Eigenheiten ehrt. Egal was geplant ist – es sollte allen Betroffenen gut damit gehen. Daher ist es ist wichtig, dass Pläne rund um solche Feste mit dem schwächsten und emotional belastetsten Beteiligten abgesprochen werden, um niemanden im Eifer vor den Kopf zu stoßen.

> »Ich erinnere mich an die Samstage in meiner Kindheit: Um 17 Uh
> in die Badewanne, danach dick in Frottee eingewickelt mit einem
> Abendbrot die Samstagsabend-Show im Fernsehen anschauen.«
>
> **ACHIM**

ERINNERUNGEN AUS DER ZWEITEN REIHE: ERINNERUNGSGESCHENKE

Obwohl Freunde und Kollegen genauso emotional betroffen sind wie Familienmitglieder, entsteht hier oft sehr schnell der Wunsch »etwas zu tun«. Etwas Sinnvolles, das die Kontrolle über das Leben wiedergibt und idealerweise auch den Angehörigen etwas von ihrem Schmerz nimmt. Oder zumindest davon ablenkt. Viele Freundeskreise landen bei dem Klassiker »Baum pflanzen«. Das ist gut, aber es geht – je nach Bedürfnis – eben auch noch nachhaltiger. Die Wirkung, die ein vom Freundeskreis zusammengetragenes Erinnerungsstück auf die Angehörigen hat, kann als mehr als heilsam beschrieben werden. Und Freundeskreise haben auch noch einen Vorteil: Sie können mit wenig viel bewirken, können in eine aufwändigere Erinnerungsarbeit investieren, ohne dass diese Form der Trauerarbeit eine finanzielle Belastung wird. Ein gutes Beispiel hierfür ist ein Buch, in dem Freunde ihre persönlichen Erinnerungen sammeln und festhalten. Wir machen das sehr oft für Kleinkinder, bei denen ein Elternteil verstirbt, damit sie ihr Elternteil so gut wie möglich kennenlernen können. Jede Sammlung von Erinnerungen aus dem weiteren Umfeld ist ein Erinnerungsgeschenk, das oft auch die trauernden Angehörigen bereichert, weil dort Anekdoten auftauchen, die sie so gar nicht kannten.

Mit Erinnerungen trauernde Freunde und Kollegen unterstützen

Wir werden oft gefragt: Wie kann ich trauernde Freunde und Kollegen unterstützen? Bei einem Trauerfall sind nicht nur die engsten Verwandten betroffen, sondern auch Freunde und Kollegen des Trauernden. Diese möchten ihm gerne helfen, wissen aber nicht genau, wie das gehen kann. Teilweise herrschen große Hilflosigkeit und Berührungsängste gegenüber dem Trauernden, die mehr als kontraproduktiv sind. Denn schlimmstenfalls bricht durch diese Angst der Kontakt ab – doch als Trauernder braucht man auch auf lange Sicht die zuverlässige Unterstützung seiner Vertrauten. In der Trauer sind Familie und Freunde die wichtigsten Ressourcen. Und oft bleiben sie ungenutzt. Deswegen bieten wir an dieser Stelle ein paar Anregungen, wie jeder mit Erinnerungsarbeit Trauernde in seiner Umgebung unterstützen kann:

BEILEIDSKARTE

Auf eine Todesnachricht reagiert man üblicherweise mit einer Beileidskarte. Auch Unternehmen und Freunde sollten unbedingt eine Beileidskarte versenden. Die meisten Menschen sind extrem unsicher, was sie auf eine solche Karte schreiben sollen. An sich ist es ganz einfach. Es ist immer richtig, von den eigenen Gefühlen zu schreiben. Zum Beispiel, dass man fassungslos ist, vom Tod des lieben Kollegen zu hören, oder dass man sehr traurig ist, dass man sich nicht mehr getroffen hat, oder dass, seit man vom Tod gehört hat, immer eine Kerze brennt. Kannte man den oder die Verstorbene persönlich, ist diese Karte eine sehr gute Möglichkeit, dem Trauernden etwas ganz Besonderes zu schenken: eine Erinnerung an den Verstorbenen. Schreib auf wie das Leben war, erzähle typische Erinnerungen. »Ich werde nie vergessen, wie sie nachts immer noch Spaghetti für alle gekocht hat.« Hinterbliebene lernen den Verstorbenen nach seinem Tod durch die vielen Erinnerungen noch einmal ganz neu kennen. Wenn sich jemand an ihn erinnert, bedeutet das, dass er Spuren hinterlassen, dass er anderen Menschen etwas bedeutet hat. Das heißt: Dieses Leben war nicht umsonst, es hatte Sinn. Der Verstorbene ist mit seinem Tod nicht einfach verschwunden, sondern lebt in den Erinnerungen seiner Freunde und Familie weiter. Und das hilft enorm

beim Trauern. Abschließend kann man den Trauernden noch etwas wünschen – auch hier keine schmalzigen Formulierungen, sondern: die Wahrheit: »Es ist kaum auszuhalten, dass Lara nicht mehr da ist. Sie war eine so wunderbare, fröhliche Freundin. Sie wird für immer in unseren Erinnerungen weiterleben.«
Eine Beileidskarte ist nur wirksam, wenn sie ehrlich ist. Man merkt es, wenn sich jemand damit Mühe gemacht hat. Und diese Unterstützung, dieses Engagement zählt und unterstützt den Trauernden am meisten. Beileidskarten – so altmodisch sie in unserer virtuellen Welt scheinen mögen – sind wichtig für die Trauerarbeit und wichtig für die seelische Unterstützung des Trauernden. Sie werden oft jahrelang aufbewahrt und immer wieder angeschaut und durchgelesen und sind daher als Kraft- und Energiequelle in der Trauer nicht zu unterschätzen.

»Ich erinnere mich daran, wie ich jeden meiner Aquarienfische einzeln in Streichholzschachteln beerdigt habe, immer mit Kreuz, Weihwasser oder Ähnlichem und mit einer berührenden Rede das Leben des Fisches würdigte.« **ANKE**

GESPRÄCHSPARTNER SEIN

Erinnerungen leben davon, dass sie erzählt werden. Ein Gesprächspartner zu sein, eine Zuhörerin, die sich im Zweifelsfall die gleiche Geschichte wieder und wieder anhört, kann eine große Entlastung sein. Der Trauernde kann sich in Erinnerungen verlieren, weil der Freund eine Sicherheitsboje ist, die ihn immer wieder in die Realität zurückholt. Wir werden immer wieder gefragt: Was kann ich machen, um ihm oder ihr zu helfen? Das Rudimentärste ist das Effektivste: Füreinander da sein und zuhören, statt zu versuchen, etwas wegzutrösten.
Das kostet Zeit und es kostet den Freund einige Nerven. Dafür kann man mit dem Trauernden zusammen wachsen, und das ist eine schöne Erfahrung, die eine Beziehung über Jahre intensivieren kann.

JAHRESTAGE EINTRAGEN

Jahrestage sind die schwierigsten Tage im Jahr. Es ist bereichernd und schön, wenn Freunde von sich aus an Jahrestage denken und das kurz signalisieren. Ähnlich wie Geburtstage sollten sie zu einem festen Termin im Jahr werden, an dem man entweder gemeinsam erinnert oder sich auf die Erinnerungen des Freundes einlässt.

> »Ich erinnere mich, dass mein Vater Blaskapellenmusik liebte. Und er liebte Karneval! Karneval wurde bei uns zu Hause besonders groß gefeiert und dann war die Bude voll bis unters Dach.« **JENS**

DAS SCHICKSAL DES ANDEREN ALS LEBENSEREIGNIS AKZEPTIEREN

Diese Akzeptanz ist die logische Fortsetzung des »Füreinander-da-Seins«. Wenn der Beerdigungszirkus weitergezogen ist und der Alltag wieder aus Normalität besteht, ist es immer noch wichtig, den Trauernden in seinen Gefühlen ernst zu nehmen und zu unterstützen. Die gleichen Geschichten auch nach Jahren noch erzählt zu bekommen, kann unglaublich nervig sein, aber auch befreiend, komisch und erleichternd. Das ist eine Haltungsfrage. Wichtig ist zu akzeptieren, dass der Trauernde nicht gebrandmarkt ist, dass die Beziehung zum Verstorbenen durch die Erinnerungsgeschichten aufrechterhalten wird und dass ein einschneidendes Verlustereignis wie der Tod auch einen Platz im Leben verdient hat – genau wie die Geburt und die Hochzeit. Darüber unterhält man sich ja auch immer wieder. Wichtig ist, dass es eine energievolle Unterhaltung ist, keine rückwärtsgewandte. Diese Unterstützung kann auch durch Briefe, E-Mails oder Whatsapp-Nachrichten gut funktionieren. Wichtig ist eine gewisse Konstanz über Jahre, die insbesondere Jahrestage und besondere Ereignisse einbezieht.

Welche Form kann meine Erinnerung haben?

Erinnerungen erfordern ein hohes Maß an Gefühl für sich selbst und dafür, was passt und stimmig ist. Wichtig ist, dass sowohl die Form als auch die Bedeutung des Erinnerungsstückes zu mir passt, damit es ein sinnvoller Begleiter wird und kein Staubfänger. Wir haben hier ein paar Fragen aufgelistet, die helfen, der passenden Form der Erinnerung auf die Schliche zu kommen. Da jeder Mensch eine ganz eigene Lebensgeschichte hat, kann die Checkliste aber nur ein Wegweiser sein.

- ☐ Was ist vorhanden? Gegenstand? Lebensereignis? Gemeinsames Erlebnis? Gedanken in Textform, zum Beispiel ein Gedicht?
- ☐ Beschreibe den Verstorbenen in einem Wort.
- ☐ Ist es eine Trophäe?
- ☐ Sind es Lebensereignisse?
- ☐ Seid ihr viele und wollt ihr etwas gemeinsam machen?
- ☐ Was wäre die unmöglichste Form, die das Erinnerungsstück haben könnte?
- ☐ Welche Farbe siehst du, wenn du an die Person denkst?
- ☐ Welche Materialien kommen dir in den Sinn?
- ☐ Was ist deine Lieblingserinnerung?
- ☐ Was mochtest du gar nicht an dem Verstorbenen?
- ☐ Hast du etwas, das nach dem Verstorbenen riecht? Ein T-Shirt, Parfum, ein Kissen?
- ☐ War der Verstorbene von etwas wirklich fasziniert, z.B. vom Meer, von der Bundesliga, von Mode?

»Ich erinnere mich gut an das Lieblingskleidungsstück meines Bruders, einen Bademantel.« **ANNA-BERNA**

ERINNERUNGSTECHNIK 1: BIOGRAFIEARBEIT

Eine sehr populäre Form der statischen Erinnerungsarbeit ist die Beschäftigung mit der Biografie des Verstorbenen. Jeder Mensch hat eine einzigartige Lebensgeschichte mit Höhen und Tiefen, Erfolgen und Niederlagen. Die Biografie hat Einfluss auf das Verhalten, Gewohnheiten, Vorlieben und Abneigungen. Im Rahmen der Biografiearbeit werden wesentliche Daten und Fakten aus dem Leben des Verstorbenen zusammengetragen. Es ist aber weit mehr als eine Datensammlung. Man sucht Informationen zur Lebensgeschichte, Interessen und Neigungen. Diese Informationen werden zusätzlich mit Fotos, Tagebüchern, Filmen, Liedern und Briefen unterfüttert. Der folgende kleine Fragenkatalog kann als Inspiration für eine Mini-Biografie dienen:

1. Mit welchen Adjektiven lässt sich der Charakter des Verstorbenen am besten beschreiben?
2. Was mochte er an Menschen und was mochte er überhaupt nicht?
3. Was gab seinem Leben einen Sinn?
4. War er gläubig bzw. woran glaubte er?
5. Hatte er eine Lebensphilosophie und wenn ja, welche?
6. Hatte der Verstorbene Vorbilder und wenn ja, welche?
7. Was war typisch für ihn?
9. Wen oder was hat er geliebt (Personen, Hobbys usw.)?
10. Hatte er besondere Fähigkeiten/Talente?
11. Wie war die Beziehung zu seiner Familie (Eltern, Geschwister etc.)?
12. Was machte ihn glücklich?
13. Welche Ereignisse haben sein Leben nachhaltig beeinflusst (Personen, Krankheiten, Unfälle etc.)?
14. Was war das schrecklichste Ereignis in seinem Leben?
15. Was war das glücklichste Ereignis in seinem Leben?

Weil Erinnerungen immer subjektiv sind, entfalten sie ihre größte Wirkung je umfassender und unterschiedlicher die Informationen dazu sind. Deshalb ist es sinnvoll, diese Fragen von mehreren Menschen, die den Verstorbenen kannten, beantworten zu lassen.

ERINNERUNGSTECHNIK 2: WANDERBUCH

Ein Wanderbuch ist eine Sammlung von Erinnerungen zu einem Verstorbenen von einander möglicherweise völlig fremden Menschen, die nur eines gemeinsam haben: ein Stück Lebenszeit mit dem Verstorbenen. Ein Wanderbuch kann mit geringem Aufwand für den Einzelnen sehr viele Menschen glücklich machen, sowohl Angehörige als auch Freunde und Kollegen.

Das Buch kann entweder direkt bei der Trauerfeier ausgelegt werden – oder es wird eine Liste all derer angelegt, die daran teilhaben möchten, und die das Buch nacheinander zugeschickt bekommen. Es gibt nur eine, sehr wichtige Regel: In das Buch dürfen nur Erinnerungen, keine Beileidsbekundungen. Der Rest funktioniert nicht anders als bei einem Poesiealbum für Erinnerungen. Jeder ist dazu eingeladen, seine Erlebnisse, Gedanken, Erinnerungen, Fotos, Kurznachrichten, Facebook-Postings und Andenken, die er mit dem Verstorbenen verbindet, mitzuteilen.

Das Ergebnis ist eine riesige Lebenssammlung in einem Erinnerungsalbum. Das hat eine solche Magie inne, das man es schon beim Durchblättern spüren kann: Hier steckt das pure Leben drin, hier passiert etwas sehr Sinnvolles. Das gemeinsame Erarbeiten der Person des Verstorbenen und ihrer Lebensgeschichte macht die Gruppe stolz und gibt ihr durch dieses »Gruppengeheimnis« das Gefühl, etwas wirklich Großartiges geschaffen zu haben in dieser sinnlos traurigen Zeit.

Idealerweise wandert das Buch schließlich zu den nächsten Angehörigen des Verstorbenen. Der Wert einen solchen Schatzes zeigt sich oft erst im Laufe ihres Lebens, weil sich in diesem Buch in jedem Lebensalter eine Inspiration für sie versteckt, die für das ganze Leben beflügeln kann.

> »Ich erinnere mich an meinen Österreich-Opa, der Hände so groß wie Teller hatte. Und wie ich früher in Opas Garten den Schnittlauch direkt aufs Butterbrot geschnitten habe.« **MADITA**

ERINNERUNGSTECHNIK 3: ERINNERUNGSKISTE

Viele Dinge, die man von einem Verstorbenen »erbt«, haben eine geheime Bedeutung nur für einen selbst. Um diese Dinge nicht zu verlieren und um sich ganz bewusst Zeit zu nehmen, sich inspirieren und in den Erinnerungen treiben zu lassen, ist das Anlegen einer Erinnerungskiste sinnvoll.

Es darf alles in diese Kiste, von Fotos über Geschirr hin zu Kleidungsstücken, Ultraschallbildern, Triangeln, Einmachgläsern mit Hundehaaren und getrocknete Kartoffeln. Es gibt nur ein Kriterium: Die Dinge müssen eine Bedeutung, eine Erinnerung an eine Situation, ein Erlebnis oder Gefühl gespeichert haben. Die Kiste steht symbolisch für das, was nicht mehr verlorengehen kann – die Erinnerung an das Leben mit dem Verstorbenen. Gleichzeitig kann man sie zuklappen und wegpacken, wenn man sie nicht erträgt. Alles hat seinen Platz und der Trauernde bestimmt selbst, wann er sie öffnet. Dies hat einen enorm positiven Effekt auf die eigene Trauerarbeit. Ende 2014 trafen wir Silke. Sie wollte uns unbedingt von ihrer Mutti-Kiste erzählen. Wir haben dieses Gespräch aufgezeichnet und seither inspiriert es sehr viele unserer Klienten, eine eigene

»Mutti-Kiste« anzulegen und sich intensiv zu überlegen, was hineinkommen soll. In Silkes Kiste sind sehr viele Dinge, und sie kann zu jedem Gegenstand viel erzählen, lachend und weinend. Es scheint, als habe ihre Kiste ein richtiges Eigenleben. Einmal geöffnet, quillt die Erinnerung heraus und zieht einen in den Bann.

Was war deine Mutter für ein Mensch und was hat es mit der Mutti-Kiste auf sich?
Meine Mutti war ein absolutes Flintenweib, wie man so schön sagt. Sie stand mit beiden Beinen auf der Erde und hat ihr eigenes Ding durchgezogen. (lacht) Sie hatte grundsätzlich natürlich auch immer

Recht. Trotzdem war sie eine sehr liebenswerte, freundliche und gesellige Frau. Wenn bei uns Feste gefeiert wurden, dann richtig und zwar mit lauten Pauken und viel Getöse. Außerdem war sie eine leidenschaftliche Köchin. Ich habe mich immer gefragt, wann der Rest der Fußballmannschaft eintrifft, wenn wir mit unzähligen Schüsseln an Essen gemeinsam am Tisch saßen (lächelt).
Als sie gestorben ist, konnte ich mich damals von nichts trennen. Deshalb habe ich mir diese Erinnerungsbox zusammengestellt. Dort habe ich alle für mich wichtigen Dinge hineingepackt, die mit meiner Mutter zu tun haben und die ich gerne behalten möchte. Im Großen und Ganzen ist das jetzt meine Mutti-Kiste. Wenn ich Sehnsucht nach ihr habe, dann schaue ich dort hinein und erinnere mich an die tolle Frau, die sie war.

Was hat dich und deine Mutter am meisten miteinander verbunden?
(ohne zu zögern) Der Humor, wir haben ganz viel miteinander gelacht! Wir haben uns manchmal aber auch so richtig gefetzt, auch noch eine Woche, bevor sie gestorben ist. Ich glaube, wir waren einfach sehr ehrlich zueinander.

Was hat sich im Leben deiner Mutter geändert, als der Krebs kam?
Bruno, das war Muttis Spitzname, war eine liebevolle und taffe Geschäftsfrau. Sie hatte ein eigenes Taxiunternehmen. Die Welt war für sie schwarz oder weiß, dazwischen gab es nichts. Schon als kleines Kind saß ich mit ihr vor dem Funkgerät und habe meine Schularbeiten gemacht, während sie immer dabei war, Geschäfte zu machen. Sie war vom Typ her sehr umtriebig und hatte viele Freunde – bis der Lungenkrebs kam.
Der machte Mutti einsam. Sie wohnte auf dem Dorf und die Menschen hatten plötzlich Angst, sich anzustecken. Die Unwissenheit plus die Angst war eine schlimme Mischung. Plötzlich kam keiner

mehr zu Besuch. Ich habe jeden Tag mit meiner Mutter telefoniert. Am liebsten hätte ich sie jeden Tag gesehen und gedrückt, aber beruflich war ich an Hamburg gebunden und ich konnte nicht jeden Tag zu ihr fahren, um bei ihr zu sein und sie in den Arm zu nehmen.

Was verbindest du mit den Worten »Tod« und »Angst«?
Meine Mutter hat mir die Angst vor dem Tod genommen und zwar genau einen Monat bevor sie gestorben ist, am 27. Januar 2006. Ich erinnere mich genau an den Tag. Es war Winter und es war sehr sehr kalt. Die Straßen waren glatt und wir beide schlenderten in ihrem Tempo gemeinsam durch die Seitenstraßen bis wir auf einen Laden zusteuerten, der sich »Edel und Steine« nannte. Meine Mutter konnte jeden Stein benennen und wusste alle Kristalle auswendig. Dann sah ich, dass ein paar Sorgenpüppchen zwischen all den anderen Edelsteinen lagen, und ich sagte: »Schau mal, Mutti, hier sind ein paar Sorgenpüppchen.« Und meine Mutter sah mich fragend an und antwortete: »Sorgen? Wieso Sorgen? Ich habe keine Sorgen und ich habe auch keine Angst vor dem Tod.« Ich war völlig erstaunt und fragte sie: »Aha, darf ich dich fragen, warum nicht?« Und sie antwortete mir: »Schau dir nur einmal die Menschen an, die sterben. Die, die ich gesehen habe, die sahen alle glücklich aus.«

In deiner Mutti-Kiste ist ein Herz aus Rosenquarz, was hat das für eine Bedeutung?
In diesem Edelsteinladen lag dieses Herz aus Rosenquarz. Das hatte meine Mutter immer wieder in die Hand genommen und mehrmals wieder zurückgelegt. Nach unserem gemeinsamen Nachmittag konnte ich irgendwie nicht aufhören, daran zu denken, deshalb bin ich noch einmal in den Laden gefahren und habe ihr dieses Herz gekauft. Ich habe es ihr geschenkt, weil sie sich in das Herz verliebt hatte und ich wollte, dass sie es bei sich tragen

kann … egal, wohin sie gehen würde. Zwei Tage nach ihrem Tod bin ich nochmal in den Laden gefahren und habe mir ein zweites Herz aus Rosenquarz gekauft – für mich, um es mir zu schenken. Das erste Herz habe ich meiner Mama mit in den Sarg gelegt und es wird immer ein Teil meiner Erinnerung bleiben, was mir sehr viel bedeutet. Dieses Herz und die damit verbundene Erinnerung hat mich auf ganz eigene Art durch die schwere Zeit getragen. Und das Schöne ist, wenn man es mit seinen Händen umschließt, dann wird es ganz warm.

Was ist neben dem Rosenquarzherz noch in deiner Mutti-Kiste?
Ich habe ganz viele Fotos in der Kiste. Fotos von meiner Mama als Baby. Bei der Geburt wurde sie klinisch fast für tot erklärt wegen einem großen Loch im Rücken, hat sie mir erzählt. Sie war in ihrem Dorf in Polen als frisch geborenes Baby schon fast auf dem Weg unter die Erde, als sie dann zum Glück doch noch angefangen hat zu zappeln und 67 Jahre gelebt hat. Außerdem sind ganz viele tolle Geburtstagskarten von ihr in dieser Kiste, sehr viel Schmuck, ein wunderschönes Bettelarmband mit individuellen Anhängern, eine Uhr, eine Brille und natürlich Urlaubsbilder. Ich liebe Urlaubsbilder. (lächelt) Ach, wenn ich mir die Bilder so anschaue, dann sieht man richtig, dass wir uns echt geliebt haben.

Auf den Bildern sieht sie sehr herzlich aus.
Ja, wir hatten echt eine ganz besondere Verbindung, das war wirklich verrückt. Sie hat aus der Ferne immer gespürt, wenn es mir nicht gut ging. Dann trudelte, ohne dass ich ihr etwas erzählt habe, eine Karte mit ein paar liebevollen Zeilen im Briefkasten ein. Das war wunderschön.

Was ist dein Lieblingsstück aus der Kiste?
Puh, das ist eine schwierige Frage. Ach, natürlich! Mein Lieblingsstück trage ich immer bei mir. Das ist die Kette mit dem Anhänger

in Form eines Kreuzes. Das hat sie mir zu meiner Konfirmation geschenkt, ich trage es seit 1979.

Deine Mama war ja aus der Erzählung ein großer Schmuckfan. Inwieweit hat dich das auf deinem Lebensweg beeinflusst?
(lächelt) Oh, ich glaube, sogar sehr. Wenn ich mir mein Leben jetzt so anschaue, liebe ich nicht nur Schmuck, sondern ich habe mein Hobby zum Beruf gemacht und arbeite bei einem französischen Luxuskonzern für Schmuck und Uhren.

Wie lange ist deine Mutter jetzt schon tot?
Achteinhalb Jahre. Ich hatte zum Glück die Zeit, mich von ihr zu verabschieden, und dafür bin ich sehr dankbar. Sie ist für mich in bestimmten Situationen immer noch da und dieses Gefühl geht zum Glück auch niemals weg.

BRUNHILDE BACH, GESTORBEN AM 26. FEBRUAR 2006

Die »Klassiker« der Erinnerungsarbeit

TOTENMASKE

Im Altertum und besonders in der Klassik waren Totenmasken ganz groß in Mode. Es wurden zur Erinnerung Gipsabdrücke von den Gesichtern gemacht, die den Zustand des Gesichts zum Zeitpunkt des Todes dokumentierten. In der Renaissance fand man das wiederum schockierend, deshalb begann man, die Masken nachträglich zu verschönern. Im 19. Jahrhundert, als man den Wert der Maske für Kunst und Kultur erkannte, begann man, von vielen bedeutenden Persönlichkeiten Masken zu nehmen. Heute kommen diese außergewöhnlichen Erinnerungsstücke wieder – wirklichkeitsgetreu aus Silikon. Es ist heutzutage möglich, dass die Angehörigen den Thanatopraktiker (so nennt man die Einbalsamierer, die mit verschiedensten Methoden die Verstorbenen konservieren) bei der Maskenabnahme tatkräftig unterstützen – als aktives Stück Trauerarbeit, das die Erinnerungen plastisch am Leben hält.

BESTATTUNGSFOTOGRAFIE

Lange war sie verpönt und vergessen, aber inzwischen erlebt die Bestattungsfotografie wieder ein Revival und das zu Recht. Ein Todesfall, eine Beerdigung ist ein Lebensereignis, das den Platz im (inzwischen meist virtuellen) Fotoalbum verdient. Fotos aus dem Geburtskanal, Selfies aus allen Lebenslagen, nur an die letzte Feier mag man sich nicht mehr so gerne erinnern. Dabei kann es auch Teil der Trauerarbeit sein, dies zu dokumentieren. Neben dem behutsamen Fotografieren des Toten im Bestattungshaus, dessen Ergebnisse immer wieder eine positive Entwicklung in der Trauerarbeit der Angehörigen beeinflusst, ist es eben auch schön zu sehen, wer alles zur Feier gekommen ist und wie berührt die Menschen sind. Was für eine Verbindung innerhalb eines Tages zwischen fremden Menschen entstehen kann und wann sich das erste zaghafte Lächeln in eben diese Gruppe schleicht.

GRAB- UND GEDENKSTEINE

Der Gedenkstein ist eine in Stein gemeißelte Würdigung des Verstorbenen. Ein Symbol für die Lebensgeschichte und die Bedeutung, die der Tote für die Hinterbliebenen hat. Es ist ein äußerst schwieriges Stück Stein, durchschnittlich brauchen Trauernde etwa ein Jahr, bis dieser Prozess beendet ist. Zunächst ist die Suche nach dem Steinmetz eine Herausforderung, der den verstorbenen Menschen »begreifen« und »erfassen« kann. Im Idealfall entwickelt er eine Vorstellung von der Person, deren Leben er in Stein übertragen wird, spricht dabei die (Symbol-)Sprache, die die Familie sich wünscht und erstellt ein Unikat, das für die Ewigkeit an das Leben erinnert. Trauernde beschreiben diesen Prozess als »tiefe therapeutische Erfahrung« und einen Meilenstein in ihrer Trauerarbeit. Oft wird der Stein nur von einer Person aus der Familie ausgesucht. Schön ist es, wenn die Möglichkeit besteht, auch die anderen Familienmitglieder einzubeziehen, wenn diese das möchten. Das macht den Entscheidungsprozess vielleicht nicht einfacher, aber das Ergebnis wird stimmiger, die ganze Familie hat etwas zusammen gestaltet und ist dafür gemeinsam durch einen Prozess gegangen.

»Ich erinnere mich daran, wie wir bei einem Besuch unserer steinalten Großtante in Hamburg ins Wohnzimmer gehen und auf dem mit feinstem Kristall gedeckten Tisch unser Dackel steht und genüsslich die offene Butter ableckt.« **HANS**

TOTENBILDCHEN ODER STERBEBILDCHEN

Der Sinn von Toten- und Sterbebildchen oder Totenzettelchen, wie sie auch genannt werden, ist weniger die Trauer des Abschieds, sondern der Dank und die Erinnerung an den Verstorbenen. Im 19. Jahrhundert verbreitete sich dieses Brauchtum in den katholischen Teilen Europas. Das ursprüngliche Heiligen- und Andachtsbildchen mit einem tröstenden Spruch und den wichtigsten Daten aus dem Leben des Toten wurde durch ein individuelles Foto des Verstorbenen personalisiert und bei der Beerdigung verteilt. So sammelten sich im Laufe der Zeit im Gesangbuch viele liebe Gesichter, an die man sich während des Gottesdienstes erinnern und für die man beten konnte. Eine moderne Variante des Totenbildchens für Menschen ohne Gesangbuch kann eine quadratische Pappkarte, ähnlich wie aus dem Memory-Spiel oder ein Ansteckbutton sein.

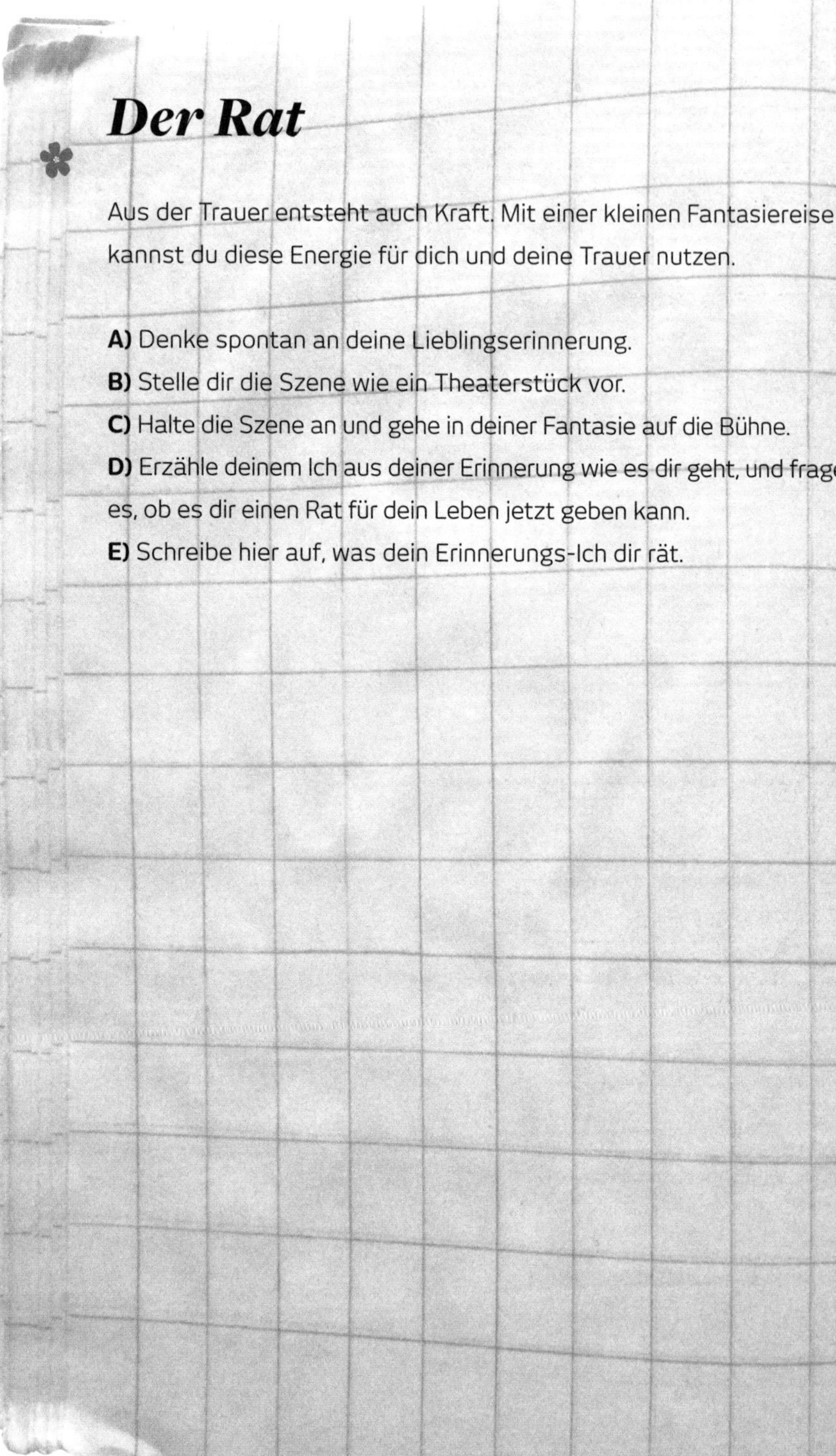

Der Rat

Aus der Trauer entsteht auch Kraft. Mit einer kleinen Fantasiereise kannst du diese Energie für dich und deine Trauer nutzen.

A) Denke spontan an deine Lieblingserinnerung.
B) Stelle dir die Szene wie ein Theaterstück vor.
C) Halte die Szene an und gehe in deiner Fantasie auf die Bühne.
D) Erzähle deinem Ich aus deiner Erinnerung wie es dir geht, und frage es, ob es dir einen Rat für dein Leben jetzt geben kann.
E) Schreibe hier auf, was dein Erinnerungs-Ich dir rät.

Neue Erinnerungen machen

Wie geht es weiter?

Das Thema Tod und Trauer ist ein Tabuthema und wird immer noch sehr stiefmütterlich und kompromisslos behandelt, auch wenn allmählich Veränderungen zu beobachten sind. Die Quereinsteiger in der Bestattungsbranche nehmen stetig zu: Es geht weg vom Verkaufsgespräch hin zum Beratungs- und Begleitungsgespräch. Zum Glück sind auch innerhalb der Trauerdienstleister-Szene viele schöne Ideen entstanden, sich mit der eigenen Trauer und dem Thema Erinnerungen auseinanderzusetzen. Die Trauer ist, genau wie die Liebe, eines der tiefsten Gefühle, die ein Mensch für einen anderen Menschen empfinden kann. Beide Gefühle sind so stark, dass sie sich sogar körperlich auswirken können: Schmetterlinge im Bauch versus Kloß im Hals. Nur dass man das eine behalten will und das andere am liebsten herausoperieren möchte. Um sich im Falle eines Verlustes (zum Beispiel eines Menschen, einer Beziehung, der Heimat, der Gesundheit oder der Selbstständigkeit) psychisch damit auseinanderzusetzen, ist die Erinnerung an die damit verbundenen Gefühle enorm wichtig. Erinnerungen sind die Brücke zwischen Gestern und Morgen. Sie können in einem Moment traurig machen, im nächsten verleihen sie dem Leben Herkunft und Sinn.

> »Ich erinnere mich daran, wie meine Mutter steirisch spricht und Wuchteln backt.« **MADITA**

Die neuesten epigenetischen Forschungen an Mäusen zeigen, dass Erinnerungen vererbbar sind. Vielleicht ist es in Zukunft so, dass wir die Erinnerungen unserer Eltern und Großeltern wie auf einer externen Festplatte mit uns herumtragen und dieses und jenes nachschlagen können, wenn wir etwas wissen wollen. Eine schöne Vorstellung, die den Sinn des Lebens als vererbbare Wissenssammlung versteht. Bis es soweit ist, müssen wir uns damit begnügen, dass Erinnerungen die Brücke zwischen uns und unseren Liebsten sind. Auch wenn wir noch keinen Zugriff auf die genetische Verbindung haben, kann das Leben eine noch stärkere Bindung schaffen, selbst wenn das Leben nur ein paar Wochen gedauert hat. »Wie kann ich ein Erinnerungsstück an mein Sternenkind machen, ich habe nichts von ihm, er war ja nie auf der Welt«, fragt uns eine Mutter. Dann erzählt sie weiter und wir merken, da ist eine Menge Erinnerung: Die Vorstellung, die sie sich von dem Leben mit dem Baby gemacht hat. Die Verbundenheit in der Schwangerschaft. Ein kleines Armband. Der Name des Babys. Erinnerung lässt sich nicht gegenständlich messen. Es ist mehr ein Fühlwert. Und der hat immer Körpertemperatur.

Erinnerungen können die Zukunft beeinflussen. Man gibt weiter, was man selbst erinnert und erlebt hat. Sei es nun an die eigenen Kinder oder an die Öffentlichkeit. Das Tagebuch von einst ist der Blog. Noch nie waren so viele Leben einer großen Öffentlichkeit zugänglich. Noch nie haben so viele Menschen von den Erfahrungen und den Erlebnissen anderer, fremder Menschen profitiert.

»Galette erinnern mich an meinen Vater: In Frankreich gibt es diese Kuchen, in dem eine kleine Figur versteckt ist. Wer diese Figur im Kuchenstück hat, der bekommt eine goldene Krone. Ich habe sie nie bekommen, sondern immer mein Vater oder meine Mutter. Die überschwängliche Freude meines Vaters, wenn er sie bekommen hat, trotz der ungemeinen Enttäuschung von mir und meiner Schwester, kann ich heute noch vor Augen sehen. Sein Gesicht freudig verzerrt und jubelnd über dieses Glück. Daran muss ich oft denken, wenn ich unbedingt gewinnen will, egal worum es geht.« **ARIAN**

Gleichzeitig ist die Masse auch ein Fluch: Wo mache ich den Schnitt? Im virtuellen Leben kann man auf kleinstem Raum sehr viele Dinge besitzen. Aber trotzdem ist der Mensch ein Dinosaurier, der Dinge anfassen muss, um sie zu begreifen. Der Gegenstände erbt oder mit Dingen Verstorbener umgehen muss. Dem sich die Frage stellt: Wann darf ich etwas von einem Verstorbenen wegwerfen? Darauf gibt es keine richtige Antwort. Nur einige Erfahrungswerte: Trauernde, die bald nach dem Todesfall etwas Elementares wie zum Beispiel den Kleiderschrank ausgeräumt haben, berichten von einem extremen Widerstand, diese Dinge anzufassen, gefolgt von einem befreienden Gefühl von Erleichterung: Es ist ein Eingeständnis, dass jetzt eben nichts mehr so ist, wie es war. Durch diese äußere Veränderung des Aussortierens nimmt man gleichzeitig die innere Veränderung an, die ein Todesfall mit sich bringt.

Ist Trauer irgendwann vorbei?

Wann ist Trauer vorbei? Menschen, die schon trauererfahren sind, sagen: nie. Das mag schockierend wirken, weil sich die meisten Trauernden wünschen, der Zustand möge vorbeigehen. Es ist aber genau andersherum. Die Trauer wird sich in ihrer Form verändern, aber sie bleibt immer ein Teil des Trauernden. Trauer braucht Zeit. Viel Zeit. Keine »Zeit heilt die Wunden«, sondern individuell bemessene Zeit, die jeder Einzelne braucht, um sich mit seiner Trauer anzufreunden. Die Trauer kann man nicht »wegmachen«. Sie zieht ein, wo sie will, und benimmt sich dann wie ein nerviger Mitbewohner, der ungefragt in jeder Situation auftauchen kann und mit dem man sich arrangieren muss. Der Wendepunkt der Trauer ist also nicht, wenn die Trauer aufhört, sondern dann, wenn man sich mit ihr arrangiert, ihren Sinn begreift. Wenn man ihr im eigenen Leben einen Platz zuweist und ihr einen Raum gibt, in dem sie so sein darf, wie sie ist. Nach einer Geburt liegt die Mutter im Wochenbett, danach ist Elternzeit: Die Eltern bekommen im wahrsten Sinne des Wortes Zeit, sich auf die neue Zeit einzustellen. In einem Trauerfall gibt es diese Toleranz nicht. Weder vom Gesetz noch von der Gesellschaft bekommen die Trauernden die Zeit, sich in Ruhe auf die Veränderungen in ihrem Leben einzustellen.

»Ich erinnere mich an das ›Liebes-Wahnsinns-Wunder-Pur-Staunen‹ auf dem Gesicht meiner Tochter, als sie zum ersten Mal ihren neugeborenen Bruder im Arm hält.« **JEN**

Die Kunst vieler asiatischer Kampfsportarten liegt darin, die Energie, die bei einem Angriff gegen einen verwendet wird, gegen den Angreifer zu verwenden. Das heißt übersetzt auf die Trauer: sich auf die Trauer einlassen und sie mit ihrem eigenen Schwung zu überraschen. Das könnte so aussehen: dem Drang, hemmungslos zu weinen, nachgeben und merken, dass Tränen eine heilsame Wirkung haben. Aus Wut auf den Verstorbenen Wasserbomben an die Wand werfen. Den Veränderungen im eigenen Leben ins Gesicht sehen.

Woran erkennt man also den Wendepunkt der Trauer? Zum einen, weil man sich wieder aus freien Stücken für den Alltag und das Leben der anderen interessiert. Zum anderen, weil sich eine gewisse Dankbarkeit und Leichtigkeit einstellt, wenn man an den Verstorbenen denkt. Schuldgefühle und Gefühlsblockaden werden seltener, eine innere Ruhe macht sich breit, der Trauernde ist bereit, neue Erinnerungen zu machen.

Wenn die Bilder verblassen

Wir haben unheimliche Angst vor dem Vergessen. Plötzlich kann man sich an die Stimme des Verstorbenen nicht mehr erinnern, hat Angst vor dem Tag, an dem der Duft nicht mehr in der Luft liegt, kann sich an besondere Ereignisse nicht mehr genau erinnern. Vergessen scheint ein Zeichen von Schwäche zu sein, von Kontrollverlust. Vergessen verursacht Unzuverlässigkeit und kann sich bis zur Krankheit steigern. Vergesslichkeit nervt. Dabei ist das einer unserer größten Gedächtnispartner.

Wir vergessen viele Fakten. Wie hieß noch mal der Ort, an dem wir damals Urlaub gemacht haben? Der süße Englischlehrer aus der fünften Klasse? Die ehemalige Klassenkameradin, die man zufällig an der Kasse trifft? Man kann sich beim besten Willen nicht mehr daran erinnern. Und das ist ein sehr wichtiger Prozess, denn das Vergessen hilft uns, Unwesentliches vom Wesentlichen zu trennen.

Die meisten Bilder verschwinden einfach, weil sie nicht so wichtig sind. Das Gehirn optimiert so seine Informationsverarbeitung. Optimieren heißt: nicht zu viel mitschleppen, sich von Überflüssigem befreien. Das Grundmotiv ist die schnelle Informationsverarbeitung. Je weniger zur Auswahl steht, desto schneller findet man die Information, die benötigt wird. Auch Abstraktion ist ein Prozess der Komplexitätsreduktion und dient dazu, die Informationsverarbeitung zu beschleunigen. Festgehalten wird nur, was eine Bedeutung hat und auf der Bühne unseres inneren Lebenstheaters wichtig ist. Vergessen ist lebenswichtig. Wer nicht vergessen kann, ist auch nicht fähig zu leben.

Das Team um Professor Pöppel hat festgestellt, dass die erinnerten Bilder mit der Zeit an Leuchtkraft, Farbigkeit und Kontur verlieren. Ein Bild, das man 20 Jahre in sich trägt, ändert sich in seiner Klarheit allerdings nicht mehr. Die Erinnerung begnügt sich mit dem, was da ist, und schreibt daraus die Geschichte eines Lebens. Sie entscheidet nicht über Leben und Tod. Auf der konzeptionellen Ebene ist das Erinnern in gewisser Weise eher ein Wiedererleben der Vergangenheit. Aber ohne Erinnerung bleibt nur der Tod.

Das hilft gegen das Vergessen:

Keine Panik bekommen. Auch wenn die Erinnerungen in ihren Details verblassen, sind es die Gefühle, die gespeichert und die nicht vergessen werden.

Frühzeitig Dinge aufschreiben, egal ob für sich selbst oder für die Kinder und Enkel. Was einmal fest irgendwo steht, kann nicht mehr vergessen werden. Eltern und Großeltern einfach mal nach ihrer Lieblingserinnerung fragen.

Erinnerungen lebendig halten: Je mehr wir über Erinnerungen sprechen, desto deutlicher werden die Farben des Erlebnisses. Gib deinen Erinnerungen Raum und versuche, noch mehr Puzzleteile zu bekommen. Es ist okay, wenn sie sich im Laufe der Zeit etwas verändern.

»Ich erinnere mich an einen bestimmten Abend mit I. Wir haben uns verabredet und mussten dann den ganzen Abend vor einem nervigen Schulkameraden flüchten. Wir sind richtig vor ihm weggelaufen. Das war nicht nett. Aber danach sind wir bei mir zuhause gelandet und haben geknutscht.« **STEFAN**

Neue Erinnerungen machen

Das Leben lebt von Erinnerungen. Deswegen ist es so wichtig, auch neue Erinnerungen zu machen, ohne deswegen ein schlechtes Gewissen zu haben. Wann darf man wieder lachen? Wann sich wieder verlieben? Wann das erste Mal einen ganzen Tag lang nicht an den Verstorbenen denken, ohne dass Schuldgefühle das neue Leben überschatten? Ist man ein schlechter Mensch, weil man letztendlich doch das eigene Leben weiterlebt und den Verstorbenen hinter sich lässt? Natürlich nicht. Jeder Trauernde merkt es schmerzhaft am eigenen Körper: Die Zeit geht gnadenlos weiter, Menschen werden älter, Wunden vernarben. Das bedeutet nicht, dass man seinen Verstorbenen irgendwo verloren hat. Mit einer gesunden Erinnerungsarbeit hat man ihn ja immer bei sich, so sicher, dass man sich auch eine Weile lang um sich selbst kümmern kann.

> »Wie meine Oma in ihrem Ohrensessel über dem Strickzeug eingepennt ist und leise schnarcht.« **A.**

Neue Erinnerungen zu machen bedeutet, das eigene Leben zu leben und nicht das von jemandem, der schon lange tot ist. Indem man ein neues Tagebuch anfängt, das das Leben nach dem Verstorbenen beschreibt, oder auch einfach mal einen anderen Weg nach Hause nimmt, jemanden anruft, den man seit Jahren nicht gesehen hat – all das schafft neue Erinnerungen. Dem Alltag die Routine zu nehmen und eingefahrene Verhaltensweisen zu hinterfragen, tut uns allen gut.

Neue Erinnerungen löschen oder überschreiben nicht alte Erinnerungen. Im Gegenteil: Sie können sich mit schon bestehenden Erinnerungen verknüpfen und so deren Wirkung verstärken. Bilder, Farben, Düfte und Musik können Zeitsprünge machen und zu einer großen Kraftquelle verschmelzen, die in weiteren Trauererfahrungen wieder ihre volle Wirkung zeigen wird.

Erinnerung ist auch Visionsarbeit. Nur wer sich erinnern kann, kann auch in die Zukunft schauen. Insofern ist es wichtig, Ausschau nach dem nächsten großen Ziel zu halten, ohne dabei den Heimathafen zu vergessen.

Neue Erinnerungen machen

A) Schreibe hier deine schönste Erinnerung auf, die erst nach dem Tod deines Verstorbenen entstanden ist.

B) Schreibe oder male, was wohl dein Verstorbener dazu sagen würde – findet er es lustig? Genauso schön? Wäre er neidisch? Sei ruhig ehrlich, diese Erinnerung gehört dir ganz alleine!

Danke

Wir finden, wir haben mit unseren Erinnerungsstücken den schönsten Job der Welt und sind dankbar, dass wir so viele Lebensgeschichten kennenlernen dürfen und damit so viele Menschen glücklich machen. Für uns ist das ein großes Geschenk, was wir wirklich sehr zu schätzen wissen. Diese Erinnerungen mitzuerleben macht uns sehr glücklich und wir möchten allen »Danke« sagen, die uns bisher auf diesem Weg begleitet haben und uns auch heute noch mit ihrer Liebe, ihrer Zeit und ihren Inspirationen bei »Vergiss Mein Nie« unterstützen. Allen voran Arian und Stefan, die unsere Ideen ohne jeden Zweifel unterstützen und mittragen. Unsere Eltern, die keine Angst vor unserer Arbeit haben. Und allen Freunden, Künstlern und Dienstleistern, die sich auf ganz unterschiedliche und intensive Weise mit den Themen Sterben, Tod und Trauer auseinandersetzen.

LITERATUR

Jorgos Canacakis: Ich sehe deine Tränen, Stuttgart 2011 | **Geo Wissen:** Vom guten Umgang mit dem Tod, Nr. 51, 10/2013 | **Hans Goldbrunner:** Trauer und Beziehung. Systemische und gesellschaftliche Dimensionen der Verarbeitung von Verlusterlebnissen, Mainz 1996 | **Silke Heimes:** Kreatives und therapeutisches Schreiben: Ein Arbeitsbuch, Göttingen [4]2013 | **Daniel Kahnemann:** Schnelles Denken, langsames Denken, München [23]2012 | **Verena Kast:** Trauern. Phasen und Chancen des psychischen Prozesses, Stuttgart 2001 | **Barbara Pachl-Eberhart:** Warum gerade du? Persönliche Antworten auf die großen Fragen der Trauer, München [4]2014 | **Chris Paul:** Schuld – Macht – Sinn: Arbeitsbuch für die Begleitung von Schuldfragen im Trauerprozess, Gütersloh [3]2010 | **Chris Paul:** Neue Wege in der Trauer- und Sterbebegleitung: Hintergründe und Erfahrungsberichte für die Praxis, Gütersloh 2011 | **Chris Paul:** Keine Angst vor fremden Tränen! Trauernden Freunden und Angehörigen begegnen, Gütersloh [2]2013 | **Psychologie Heute:** Ernst Pöppel im Gespräch, 09/2011 | **Psychologie Heute:** Du bist, woran du dich erinnerst, 09/2012 | **Psychologie Heute:** Nostalgie – Warum ein bisschen Wehmut uns gut tut, 09/2014 | **Fritz Roth:** Trauer ist Liebe. Was menschliche Trauer wirklich braucht, Gütersloh 2006 | **Fritz Roth:** Nimm den Tod persönlich: Praktische Anregungen für einen individuellen Abschied, Gütersloh 2009 | **Fritz Roth:** Das letzte Hemd ist bunt: Die neue Freiheit in der Sterbekultur, Frankfurt 2011 | **Manuel Rupp:** Psychiatrische Krisenintervention, Köln [2]2013 | **Wilfried Weber:** Wege zum helfenden Gespräch. Gesprächspsychotherapie in der Praxis, München 2000 | **Harald Welzer:** Das kommunikative Gedächtnis: Eine Theorie der Erinnerung, München [3]2011

FOTO: ILONA HABBEN

DIE AUTORINNEN

Anemone Zeim ist Diplom-Kommunikationsdesignerin und Texterin. Sie weiß seit ihrer Kindheit, wie tröstend es ist, Erinnerungen an andere Menschen festzuhalten. Als Trauer- und Prozessbegleiterin begleitet sie nicht nur Menschen aus Krisen, sondern übersetzt deren Erinnerungen kreativ in eine lebendige Form.

Madita van Hülsen ist Diplom-Kommunikationswirtin und ausgebildete Trauerbegleiterin. Bei Vergiss Mein Nie begleitet sie Angehörige durch den Trauerprozess und unterstützt sie beratend bei den vielen Entscheidungen, die auf diesem Weg getroffen werden müssen.

Vergiss Mein Nie ist eine Agentur für Erinnerungen und Trauerberatung. In Hamburg beraten Anemone Zeim und Madita van Hülsen Trauernde, die im Alltag weder Zeit noch Raum für ihre Gefühle finden, veranstalten Workshops, halten Vorträge und erstellen ganz persönliche Erinnerungsstücke aus Andenken und Überbleibseln.

Kontakt: www.vergiss-mein-nie.de | hallo@vergiss-mein-nie.de

VERLAGSGRUPPE PATMOS

PATMOS
ESCHBACH
GRÜNEWALD
THORBECKE
SCHWABEN

Die Verlagsgruppe
mit Sinn für das Leben

Für die Schwabenverlag AG ist Nachhaltigkeit ein wichtiger Maßstab ihres Handelns. Wir achten daher auf den Einsatz umweltschonender Ressourcen und Materialien.

www.patmos.de

Umschlaggestaltung:
Finken & Bumiller, Stuttgart
Gestaltung:
Finken & Bumiller, Stuttgart/
Saskia Bannasch
Fotos: © Vergiss Mein Nie
Druck: Beltz Bad Langensalza GmbH, Bad Langensalza
Hergestellt in Deutschland
ISBN 978-3-8436-0705-6

MAIA

KEIN PROBLEM
DAS SEID DOCH
ICH
BEWEGE ICH
HÖRE ICH
ICH OHNE

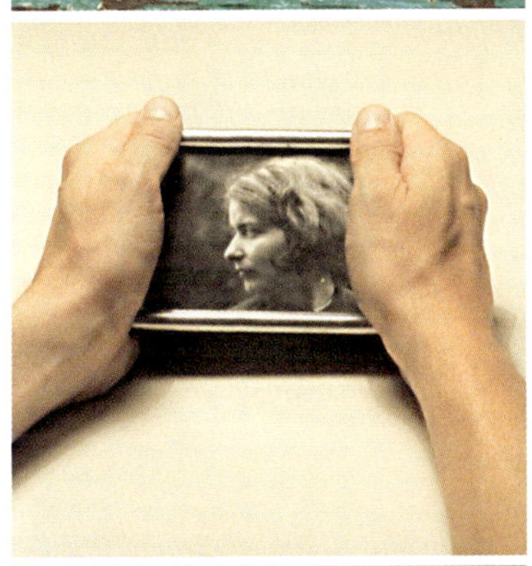

Vergiß Du uns nicht,
wir vergessen Dich
auch nicht?